未央の夢《みおうのゆめ》

ある国際弁護士の青春

草野耕一
KUSANO Koichi

商事法務

再刊の言葉

このたび商事法務のご厚意により本書が再刊される運びとなった。読み返してみると加筆修正したい誘惑に駆られる個所も少なくなかったが、初版発行時の思いを尊重して変更は最小限に留めた（ただし、巻末にあった「帰国後二五年間における主な活動」を削除し、代わりに、「二〇二二年のプロフィール」を付加し、再刊時の修正ないしは注記であることを、明示する必要がある部分は〔　〕で示した）。

初版発行後今日までの一〇年間において私のキャリアには少なからぬ変化があった。最初の変化は仕事の比重がコーポレト・ロイヤーの職務から法と経済学（ないしは、法の数理分析）の研究者・教育者の職務に漸次シフトしていったことであり、二〇一八年に最高裁判所判事に就任してからは裁判官の職務に専念する日々を過ごしてきた。この一〇年間に関して胸を張って言えることは、毎日欠かさず早朝に起き、かなりの時間を勉学と思索にあててきたことである（その成果の幾許《いくばく》かは二〇一七年に発表した博士論文と最高裁判事として記した一六通（二〇二二年六月現在）の個別意見の中で示し得たかもしれない）。

以上の点を別とすれば、私の精神世界のあり様にさしたる変化はない。記憶力の低下は否めないものの、気力や体力の衰えを感じることはない（と言うか、ひ弱であった一〇代・二〇代の時よりもむしろ向上している）。今後の人生において果たすべきミッションが何であるのかも朧気ながら見えてきた。未央の夢は今も続いている。

二〇二二年七月

草野耕一

まえがき

手塚治虫の漫画『どろろ』をご存じだろうか。

どろろの主人公百鬼丸は、生まれた時、手も足も目も鼻も口もなかった。武士である彼の父親が、己《おのれ》の野望を叶《かな》えてもらうことの代償として、生まれてくる息子の体のあらゆる部位を四八匹の妖怪に譲り渡していたからである。出生と同時に死ぬ定《さだ》めの百鬼丸であったが、寿海という名の僧に救われ、義手、義足、義眼等を与えられることにより室町末期の乱世を生き抜く力を授《さず》かった。その後の人生において百鬼丸は四八匹の妖怪と逐次遭遇する。そして、彼らを倒す度《たび》にその妖怪に奪われていた自分の体の一部を取り戻す。これが、どろろの粗筋《あらすじ》だ。

人は誰でも百鬼丸ではあるまいか。宿命として負ったさまざまな欠損を、同時に授《さず》かった才覚と運を頼りに埋め合わせていく。それしか人が生きる道はないであろう。

私ももちろん百鬼丸であった。たしかに私は経済的には比較的恵まれた環境で育ち、才能や運も人並み以上に与えられていた。しかし、「与えられなかったもの」も多かった。たとえば、一七歳の私は、次に掲げるものを何一つ持ち合わせていなかった。父と過ごした思い出（父は私が子供の時に他界していた）、家族団欒の暮らし、尊敬する人、竹馬《ちくば》の友、将来の夢、壮健な身体、海や山で遊んだ思い出、スポーツを楽しんだ思い出、寛容な精神、老人を敬う心、幼児を慈《いつく》しむ心、異性を慕う心、信仰心、道徳心、……。

それでも、私は私なりに自分の精神や肉体に巣食う妖怪どもと戦ってきた。その結果、何匹かの妖怪を倒すことに成功したが、倒せなかったものも多かった。

知命の歳を過ぎ、妖怪退治の修業もそろそろ終息に向かう頃かと思っていた矢先、右の腎臓に癌が見つかり、腎臓ごと摘出すべしとの診断を受けた。そこで、大学の授業が冬休みに入るのを待って入院し（当時私は東大で教鞭をとっていた）、直ちに手術を受けたが、有り難いことに術後の経過は頗《すこぶ》るよい。あれから三年近くが経つが転移・再発の徴候は見られず、気力、体力ともに発病前を上回っている。ひょっとすると、私の人生の正念場はまだこれからなのかもしれない。であるとすれば、もっと努力して自己修練に励まねば。そんな気持ちがふつふつと湧いてきた。そして、気持ちをリセットするべく、本書の執筆を思い立った。

本書には私が青春時代に悩んだり考えたりしたことが書き記されている。時間的順序に沿った章立てとなっているが、必ずしも第一章からお読みいただく必要はない。特に、第一章と第二章に記した高校と大学教養学部時代の私の悩みはかなり特異なものであり、これに共感を持っていただける人は少ないかもしれない。読者各位の関心に応じて好きな章から読み始め、各位の人生に益する何かを見つけ出していただければ、私にとってこれに優る喜びはない。

本書の作成にあたっては多くの方の助力を賜った。特に、商事法務の小野寺英俊氏にはひとかたならぬお力添えをいただいた。厚く御礼申し上げる。くわえて、結婚以来三〇年余りいつも献身的に私を支えてきてくれた妻にもこの場を借りて感謝の意を表したい。私が本書に記したような夢多き人生を歩んでこれたのはひとえに妻のお陰である。

なお、本書のタイトルの『未央の夢』とは、「終わりなき夢（everlasting dream）」ないしは「未だ半ばの夢」のことである。

二〇一二年一〇月

草野耕一

目次

終　章　その後の時代　257

第一章

高校時代――数学病に悩む

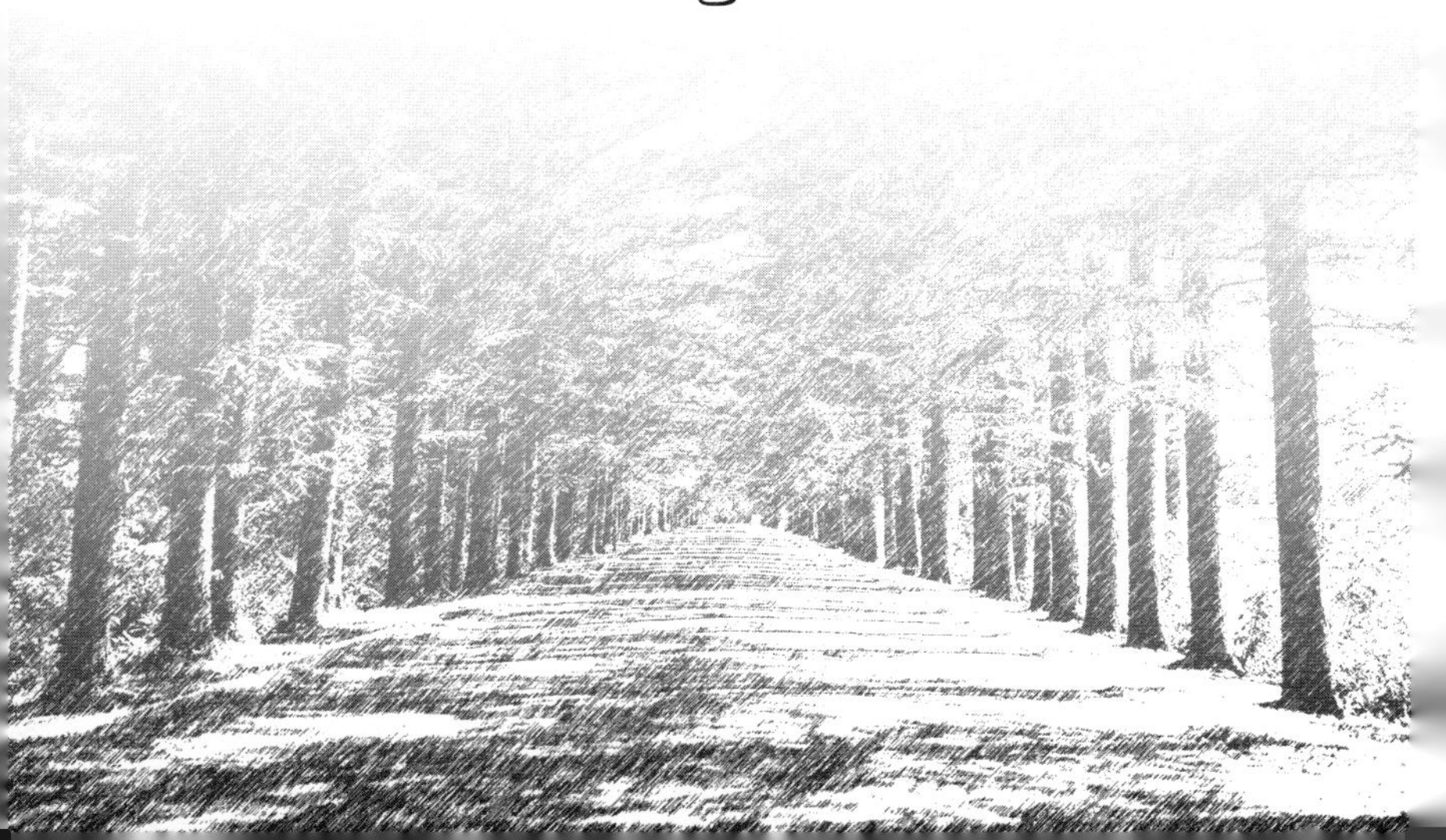

遊び好きな少年からの変身

高校に入学した頃のことから話を始めたい。それ以前の話もしてみたい気がするが、読者の関心をつなぎとめる自信が持てない。ただし、高校入学前のことで一つだけ述べておきたいことがある。それは私が遊んでばかりいる勉強嫌いな少年であったということだ。

今思い返すとそら恐ろしい気もするが、小・中学校の九年間を通じて私には自宅で勉強をしたという記憶がほとんどない。塾や予備校にももちろん通っていない。さすがに学校の授業だけは聞いていたが、それもかなりおざなりで、中三になっても暇さえあれば一人で漫画を描いたりギターの練習をしたりしていた。

それでも、通っていた中学校は受験指導に熱心な学校だったので(1)、「そろそろ勉強を始めねば」という気持ちだけは芽生えつつあった。しかし、三年間一緒に過ごしてきたクラスメートの前で「変身」を遂げるのは何とも気まりが悪い（私の中学ではクラス替えは一度もなかった)。そこで、「高校生になったら気持ちを入れ替えて勉強しよう」と自分に言い聞かせて中学の卒業を迎えた。

❀
❀
❀

この決意に従い、私は高校に入学した日から真剣に勉強を始めた。勉強方法はかなり自己流で、たとえば、英語の場合、教科書も副読本も全文を一字一句違《たが》えず暗記することにした。文法書に出てくる例文もすべて暗記し、本の目次だけを見てすべての例文を書き出せるようにした（ちなみに、高校二年生の時に読んだ佐々木高政『和文英訳の修業』文建書房（一九五五）という本に載《の》っていた五〇〇個の例文は今でも諳《そら》んじることができる）。国語については、「教科書に出てくる作家の作品をできるだけたくさん読む」というルールを自らに課し、高校一年生の一年間だけで芥川龍之介と井伏鱒二と志賀直哉と中島敦の文庫本になっている作品を全部読み、高村光太郎の詩集、加藤周一の随筆、『徒然草』、『平家物語』などもかなりの部分を読破した。

勉強の成果は直ちに現れ、年に五回実施される定期試験では、英、数、国、理、社のいずれの科目についても、常に学年で最上位の成績を収めるようになった。

この結果に驚いたのは誰よりも私自身である。ついこの間まであれほど嫌いだった勉強をこんなに好きになれるとは。しかも、その成果がこんなにも早く現れるとは。私は自分に勉学の才能があることを自覚し、この才能を活かすべく一層勉学に励むようになった。

あらゆる科目の勉強が面白かったが、なかでも私を一番魅了したのは数学であった。私は数学という学問の持つ厳密さや証明の美しさに感動し、一人で教科書を先へ先へと読み進めていった。その結果、高校一年生の終わりまでには独学ながら高校数学の全課程をほぼマスターし、数学こそはわが人生の伴侶とすべき学問であると思うようになった。

◉　◉　◉

そう思えた時の私は幸せであった。しかし、この幸せは長くは続かなかった。崩壊は高校二年の夏休みに思いもよらない形で始まった。

厳密な論理へのこだわり

その頃、私は数学の問題をできるだけ厳密に解くことにこだわっていた。たとえば、「$ax^2+bx+c=0$という方程式を解け」という問題に対して「解の公式」どおりの答えを書くことは許し難い「手抜き解答」であり、「$a \neq 0$ならば解の公式どおり、$a=0$で$b \neq 0$ならば$x=-c/b$、$a=b=0$で$c \neq 0$ならば解は存在せず、$a=b=c=0$ならばすべての数が解である」と書かなければ満足できなかった。

論理の細部にこだわることは必ずしも賢明な思考方法ではない。そう今の私は考えている。しかし、高校二年の私はひたすら論理の厳密さを追い求め、そのうちに、いくら考えても答えが見つからない問題までも必死に考えるようになっていった。

最初に抱いた疑問の一つは積分定数についてである。積分定数の意味をお忘れの方も多いと思うので簡単におさらいしておくと、ある関数を微分した関数が $f(x)$ となる場合、最初の関数を $f(x)$ の原始関数と呼んで、

$$\int f(x)\,dx$$

と表す。しかしながら、原始関数は一つの関数として特定することができない。なぜならば、関数の定数部分は微分すると常に 0 となるからであり、たとえば、x^2 という関数の原始関数は

$$\frac{1}{3}x^3$$

でも、

$$\frac{1}{3}x^3+1$$

でも、

$$\frac{1}{3}x^3+2$$

でも差し支えない。そこで、この原始関数を一般に

$$\int x^2\,dx=\frac{1}{3}x^3+c$$

と表し、この c を積分定数と呼ぶ。

一見きわめて明解な話であるが、私はこの積分定数なるものに強い違和感を覚えた。なぜ違和感を覚えたのか、当時の私にはその点を明確に説明することすらできなかったが、今の私なら、何が問題で、何がそれに対する答えであるかを述べることができそうだ。以下、この点を問答形式で記してみよう。

◉　◉　◉

昔の私　右の式は不完全に思えてなりません。積分定数などという不確定な値を原始関数の定義式と等号で結び付けるのは何かおかしいのではないでしょうか。

今の私　なるほど。君は、「この式は数学的叙述として不完全ではないか」と言いたいのかな。

昔の私　はい、そうです。

今の私　君の疑問は一〇〇パーセント正しい。そもそも数式を羅列するだけで数学の論理が進行するという発想自体が間違っているのだ。

昔の私　でも、そのような趣旨のことを学校の先生は述べておられましたが。

今の私　残念ながら、その先生は数学の本質を誤解していたのだろうね。結論から言おう。右の式は、式の前に「すべての実数 c について」という言葉を、式の後に「という関係が成立する」という言葉を、それぞれ付け足すことによって初めて数学的に意味のある叙述となるのだ。付け足した部分は現代論理学の技術を用いれば、

$$\forall c \in \boldsymbol{R}:$$

と書き表せるが（ただし、$\boldsymbol{R}$ は実数の集合を表している）、これは日常言語を論理記号に置き換えただけの話であって、「数式だけでは数学的叙述は完結しない」という真理を否定するものではない。

昔の私　よくわかった気がします。

もちろん、このように明確な解答は当時の私には思いつくはずもなく、私はあてどのない思索を続けた。しかも、疑問は次から次へと湧いてきて、結局高校二年の夏休みは、食事中も、ベッドの中でも、果ては夢の中でまでも解答不能な問題群と悪戦苦闘する日々を過ごす羽目になってしまった。

⁂

実数とは何かがわからない

なかでも私を悩ませた問題は掛け算や累乗の定義についてである。「$x \times y$」あるいは「xのy乗」という演算の意味は一見明確に見える。たしかに、これらの式に登場するxやyが整数あるいは有理数（つまり分数）の場合の定義は明確である（この点はかろうじてそう思うことができた）。しかし、xやyの範囲を実数に拡張した場合はどうか。たとえば、

$$\sqrt{2} \times \sqrt{3}$$

とか、e（ネイピア数）のπ乗とかの演算はどのように定義すべきであろうか。

この問題の答えは教科書にも参考書にも書いてなかった。そして、困ったことに、当時

の私は、その答えが見つからない限り、いかなる演算を行うことも（たとえ、それが試験の答案を書くためだけのものであっても）数学という学問に対する重大な背信行為であると思えてならなかった。

かくて私は必死に答えを求め続けた。そして、すべての実数に関して、それに収束する有理数の無限数列が存在するとすれば、実数を用いた演算の値はこの数列に現れる個々の有理数を使った演算結果の収束値と定義すればよいことに思い至った。

しかし、すべての実数について、それに収束する無限有理数列が存在するとどうして言えようか。こう考えた瞬間、そもそも私は実数についていかなる正確な定義も持ち合わせていないことに気が付いてしまった。はたして実数とは何なのか。この点が曖昧である限りすべての数学は砂上の楼閣のごとき朧《おぼろ》げな存在になり下がってしまうのではなかろうか。

さすがにこの問題は自分の能力の限界を超えていると感じた私は、二学期の始まり早々職員室を訪問して数学のN先生にその答えを求めた。先生は私の「ただならぬ」気配を察してか、真剣に話を聞いてくださり、「しばらく考えさせてほしい」と言った。それから数日後、再び職員室を訪問し、興味あり気な周囲の先生方の視線を感じながら私はN先生の

◉ ◉ ◉

言葉に耳を傾けた。以下は、この時N先生が話してくれたことの要旨である。

N先生 たしかに実数を厳密に定義することは難しい。しかし、現代数学はこの難問を明確に解決する手法を見つけ出した。すなわち、実数とは五つの公理を満たす集合のことであって、それ以上のものでもなければそれ以下のものでもない。この五つの公理には、「集合の要素同士の間での足し算や掛け算ができること」という公理（その場合の足し算や掛け算の定義はきわめて形式的なものである）や「連続性の公理」と呼ばれる公理が含まれている。これらの公理の内容について詳しく知りたければ専門書を貸してあげるけど、大事なポイントは一つ。つまり、実数をそのようなものとして定義してしまえば、「定義自体によって」実数同士の演算は可能となるわけだ。

この答えは瞬間的に私を苦悩から救い、同時に、永久的に（そう私には思えた）私を絶望の淵へと追いやった。

たしかに、実数を右のように公理論的に定義してしまえば、もはや実数の「掛け算をどう定義するのか」という問題に悩む必要はない。しかし、実数をそのように現実世界とは無縁な概念として定義してしまったならば、数学はもはや我々を取り巻く物理空間を解明するための手段としての存在根拠を失ってしまうではないか(2)。

この疑問について再度N先生に質問する気にはなれなかった。先生がこの疑問に対する解答を持ち合わせていないことはほぼ確実であり、質問することは、私の最初の質問への答えをせっかく考えてくれた先生を落胆させるだけだと思えたからである。数学が得意な友人には少し話してみた。しかし、彼は、「天才は考えることが違うよね」などと冷やかすだけで私の疑念を真剣には取り上げてくれそうもなかった。

母にも、一度だけ、「数学のことが頭から離れず苦しい」と告げたことがある。母は驚き、「耕ちゃん、お勉強のしすぎで頭がおかしくなっちゃったんじゃないの」と言って心配してくれた。私は自分の頭がおかしいとは思わなかったが、考え方が尋常でないことは自覚していた。片親の身で私を懸命に育ててくれた母に心配をかけることは私にとって最も不本意なことであり、以後この問題は母にも話すまいと心に決めた。

こうして、私は次々に湧き上がる数学上の疑念について人に相談することを断念し、これらの諸問題を一人で延々と考え続けた（その中には、「我々が直観的に把えている面積という概念とリーマン積分を使って定義される厳密な面積の概念が概念として同一性を保持していると考えてよい根拠は何か」とか、「等号記号は集合と演算が定義されて初めて意味を持つ概念であり、だとすれば、等号記号の特質は対称律（$a=b$ ならば $b=a$）と推移律（$a=b$ かつ $b=c$ ならば $a=c$）だけで十分であって、反射律（つねに $a=a$）はこの二つの法則の論理的帰結と把えるべきではないか」などといった今考えてもよくわからない問題もたくさん含まれていた）。それは苦痛以外のなにものでもなかったが、いくら「もう考えるのをやめよう」と思っても、すぐまた同じ問題を考えている自分に気が付く始末であった。自ら「数学病」と名付けたこの「病い」は、結局、高校を卒業するまで私を苛《さいな》み続けた。

(1) 私は小学校一年から中学校三年までの九年間を千葉大学教育学部の附属校で過ごした。ただし、千葉大には附属の高校はないので、中学校卒業時には一般の高校を受験せざるをえなかった。

(2) 公理論的に定義された実数概念を物理空間の分析に用いるためにはそのように定義された実数と数直線上の点との間に一対一の対応関係が成立することを別途証明する必要があるだろう。しかし、そのような証明は不可能ではないか。そう考えた私はその後、幾何の問題を座標を用いて解く気になれず、（試験のためにやむをえずする場合を除いては）すべての幾何問題を初等幾何学とベクトルだけを使って解こうと努めた。この問題（＝実数をいかに定義するか）について自分なりの解決案を見出したのは四〇代も半ばになってからのことである。

第二章

教養学部時代——楽しくも虚《うつ》ろな日々

＊　＊　＊

東大文一に入学する

高校三年の秋になり進学を志望する大学と学科を決めるべき時がきた。志望校は迷わず東京大学としたが（私の高校では毎年三〇名程度の東大合格者を出していた(1)）、学科の選択についてはかなり悩んだ。

まず、数学科への進学はあきらめざるをえないと考えた。数学の勉強を続ける限り数学病から逃れられないとすれば、数学を専攻することは今後の人生を耐え難く陰鬱なものにすると思えたからである。

医学部への進学についてはかなり心を動かされた。多くの肉親・家族を病いで亡くした母は私が医師になることを望んでいたからである。しかしながら、「医学を極《きわ》めるためには数えきれないほど多くの鼠を殺さねばならない」などと聞くにつけても、自分の血を見るのも怖い自分が医学の研究に耐えうるとは思えなかった。

思案の挙げ句、私は法律学を志望の学科に選んだ。そう決めた最大の理由は、法律学の真髄は「論理の精緻さ」と「扱う情報量の多さ」にあると思ったからである。私の頭脳に長所があるとすれば、それは論理的思考力と記憶力に他ならない。であるとすれば、法律学こそは自分の長所を最大限に活かせる学問ではないか。そう考えた私は、東大の文科一類（法学部進学コース）を受験し、首尾良く合格することができた。

率直に言って、東大に入学した私はかなり晴れがましい気分を味わうことができた。東大教養学部（東大では昔も今も最初の二年間は全学生が教養学部に所属する）のキャンパスは眩《まばゆ》いばかりの新緑と若者たちの活気に溢《あふ》れていた。新しくできた友人はみんな優秀かつ博識で、彼らと議論することは実に楽しかった。

しかし、それにもかかわらず、私の心には鬱々《うつうつ》とした思いが根雪のように蟠《わだかま》っていた。何が問題だったのか。

治らない数学病

問題の一つは、またしても数学病である。数学の勉強から解放されたことで数学病から逃れ得たと思ったが甘かった。数学病の「感染力」には恐るべきものがあり、今度は日常言語の意味についてさまざまな疑念が湧いてきた。

「アリストテレスの論法に従えば、桜とは『バラ科サクラ属に分類される植物の総称』である。しかし、人はこのような定義を一切知らなくても桜の木を一本か二本見ただけで『桜』という言葉の意味を理解した気持ちになる。ここで理解されている『桜』という言葉の意味とは何か」とか「善、美、愛、これらの言葉の意味を人は経験的に知るのか、それとも先験的に知るのか。経験的に知るとすれば、人々の経験が千差万別であっても、これらの言葉について共通理解が生まれるのはなぜか。先験的に知るとすれば、それを可能ならしめている原理は何か」などといった疑問が頭を離れなかった（この二つの疑問は内容を言葉で言い表せているだけまだましで、多くの疑問は何が問題であるのかを明晰な言葉で語ることすら困難なものだった）。これらの疑問は普段は意識の底に隠れているのだが、昼休みに一人でキャンパスを散歩している時とか、授業の終了後友人たちと喫茶店でおしゃべりをした後の帰り道とかを狙って魔物のように現れ、高校時代と同様に私を暗い想念の世界へと引きずり込むのであった。

❋ ❋ ❋

思いあぐねた私はクリニックに相談に行った。当時の東大には「神経衰弱」を自称する学生が多く（私もその一人だったわけだが）、そのような学生が相談できるクリニックがキャンパス内に開設されていたのである。話を聞いてくれた精神科の先生（なぜか女医さんだった）はこう言った。

精神科医　草野君の精神は少しも病んではいないわ。その数学病とやらがあなたを苦しめるのは、君が現実社会にコミットしない生活を送ってきたせいじゃないかしら。何でもいいから、もっと現実世界にかかわる生き方をするように努めなさい。そうすれば、自然に問題は解決するはずよ。

そのとおりだと思った。私には子供の頃から親しい友人や年の近い兄弟もなく、いつも一人か、あるいは、母が私につけてくれた「婆《ばあ》やさん」と二人で遊んでいた。親とも友人とも一度も喧嘩をしたことがなく（ただし、小学生の時にはクラスメイトから長年いじめを受けていた）、クラブ活動にもほとんど参加せず、高校に入ってからは勉強と読書に明け暮れる日々を過ごしてきた。当然のことながら、彼女もおらず、（高校二年生の時に中学時代に仲の良かった子と一度ボートに乗った以外には）女の子とデートをした経験すらなかった。

要するに、私が遭遇することのほとんどすべては頭の中の世界の出来事であり、現実世界と私との関係は希薄である。このことが、数学病——それは、大学に入ってから学んだ言葉を使えば、「数理哲学や言語哲学の問題に惑溺してしまう性癖」と再定義できるだろう――を生み出した最大の原因に違いない。そう考えた私は、もっと現実世界にコミットする生き方、より率直に言えば、もっと青春を謳歌する生き方をしようと心に決めた。

一度《ひとたび》決めてしまうと、根が遊び好きな私の行動は早かった。「まずは身だしなみを整えることから始めよう」と考えた私はファッションについて調べた。当時の若者のファッションにはトラッド（traditionalの略）とコンチ（continentalの略）の二流派があったが、東大ではトラッドが主流なようであった。ただし、大半の学生はおシャレのセンスを欠いていて、そのあり様《さま》を自ら「駒トラ・ファッション」（教養学部のキャンパスがある「駒場」とトラッドの合成語）と呼んで「自虐ネタ」にしていた。私の「研究」によれば、たしかにトラッドは着こなしやすいファッションであるが、私のように痩身な体型（当時の私は身長が一八〇センチ近くあるのに体重は五〇キロ強しかなかった）にはコンチの方が合うようであった。そこで、私は、（今思い返すと汗顔の至りではあるが）パンタロン・スーツ、プリント柄のシャツ、ニットのベストなどコンチ系の衣服を買い集めて友人たちを驚かせた。

身だしなみにいささかの自信を得た私は社交ダンスも覚え、大学の研究会主催のダンス・パーティーに足繁《あししげ》く通うようになった。さらに、中学以来封印していたギターの練習も再開し、秋の学園祭にはフォーク・バンドのボーカル兼ギターリストとして参加した。

しかし、それでも数学病は治らなかった。呆れた話とお思いであろうが、私自身も自分の頑迷さに呆れる思いであった。ただし、徐々にではあるが、私はそんな自分を見下《みくだ》し、これを笑い飛ばすもう一人の自分の視点を持てるようになっていった。「こら。君はそんなにも恵まれた生活を送っているのに、そんなろくでもない問題で悩んでいるのか。君は何という愚か者だ。」自分を客観的に見る習慣を持つことは精神のバランスを保つうえで有用であるようだ。

先人たちが私と似た問題で悩んでいたことを知ったことも私を勇気づけた。すなわち、ゴットロープ・フレーゲ（一八四八～一九二五）とバートランド・ラッセル（一八七二～一九七〇）の二人は、数学や言語の論理構造を研究し、それぞれに偉大な業績を挙げていた。この二人の碩学の主張にはわかりかねる部分もあったが（特に、「すべての数学は論理に還元できる」という主張には今でも納得していない）、私の問題意識が決して無意味なものではないことを知っただけでも大きな励ましとなった。

こうして、私は、数学病を（結局治せはしなかったものの）「飼い慣らし」、これと「共生」する道を歩めるようになっていった。

マルクス主義コンプレックス

しかしながら、私の悩みは数学病だけではなかった。私の心を翳《かげ》らすもう一つの問題、それはマルクス主義に対するコンプレックスであった。

この問題を読者、特に若い世代の読者に理解してもらうためには当時の時代背景から述べる必要があるだろう。

終戦直後、占領軍の施策の下で、それまで治安維持法違反等の名目で拘禁されていた日本共産党の幹部らは一斉に釈放された。彼らは、軍部の弾圧に最後まで屈しなかった良心的知識人として世に迎え入れられ、その頃から、「新生日本」のあるべき姿を示す思想としてマルクス主義への期待が高まっていった。

政党としての共産党はその後必ずしも順調な発展を遂げはしなかったが、思想としてのマルクス主義は戦後の論壇において確固たる地位を築き上げ、程度の差はあるものの、進歩的知識人と呼ばれる者の大半はマルクス主義の信奉者であるという状況が生まれた。

さらに、一九六〇年の安保闘争を嚆矢《こうし》として学生運動が盛んとなり、これを通じてマル

◉
◉
◉

クス主義は一般の大学生（および一部の高校生）に対しても（単にアカデミズムの対象としてではなく、日常の行動を左右する）「身近な思想」として普及していった。東大の安田講堂が学生らによって占拠されたのは私が中学二年の時であり、私の高校でも、私が入学する直前に生徒たちが図書館を占拠し、彼らを排除するために機動隊が導入された。

私が大学に入学した頃には学生運動はかなり下火になっていたが、思想界では依然としてマルクス主義の優位が続いていた。当時の思想状況を象徴する出来事として今でも覚えていることを話そう。それは、私が大学一年の時の国際関係論の授業中のことであった。どういう文脈であったかは忘れたが、担当の教授は大勢の学生を前にこう公言して憚《はばか》るところがなかった。

担当教授　今後一〇年以内に、イギリスはともかくも、大陸のヨーロッパについてはイベリア半島の端まですべて共産化されることは疑いようがない。

このような状況にある以上、私としてもマルクス主義に対する自分の「立ち位置」を決めねばならなかったのだが、マルクス主義に対する私の気持ちはかなり複雑であった。

◉
◉
◉

第一に、マルクス主義の唱える哲学ないし経済理論は、かなりの程度正しいように思えた。「労働者の仕事には自分とその家族の生活を支えるのに必要とされるレベルを超える労働（剰余労働）が含まれており、資本家はこの剰余労働が生み出す価値を搾取することによって利潤を得ている」という主張（剰余価値説）にはそれなりの説得力があるように思えたし、「社会のあり方を決定づけるものは社会の経済構造、特に生産力と生産関係であって、法律や文化といった社会の「上部構造」はこの経済構造によって支配されている。社会の生産力が増大すると既存の生産関係は社会の成長の妨げとなるが、このジレンマは革命がもたらす新たな生産関係の導入によって発展的に解消される」という考え方（史的唯物論）は歴史の真理を言いあてているように思えた（この見方が変わるのは後のことである。**第四章**参照）。

第二に、理論の魅力とは裏腹に、マルクス主義者が実際に取っている行動の多くには嫌悪感を覚えずにはいられなかった。たとえば、彼らが標的としている経済界の実力者や政界の指導者の中には素直に「立派だ」と思える人が少なからず存在した。そんな彼らを悪《あ》しざまに批判するマルクス主義者の言動には「妬《ねた》み」や「僻《ひが》み」といった人間の精神の醜悪な部分（以下、このような負の感情を「ルサンチマン」と総称する⑵）が見え隠れしている。

「団交」（団体交渉の略）と称し、数を恃《たの》んでは企業経営者や大学の責任者を「吊し上げる」行動も実に卑怯で見苦しい。そう私には感じられた。

第三に、それでも、一部のマルクス主義者、特に私のまわりにいる温厚で博識なマルキストたちには頭が上がらない。そう私は思った。彼らにルサンチマンはない。その気になれば社会の成功者となる道を無難に歩んでいける立場にある。それにもかかわらず、彼らは貧しき者たちのことを真摯に思い、多くの人々が少しでも暮らしやすくなる社会の建設を目指してさまざまな活動を続けている。

マルクスが青春時代に書いた文章に次の一節がある(3)。

地位（ここでは職業を意味している。筆者注）の選択にさいしてわれわれを導いてくれなければならぬ主要な導き手は、人類の幸福であり、われわれ自身の完成である。（中略）人間の本性というものは、彼が自分と同時代の人々の完成のため、その人々の幸福のために働くときにのみ、自己の完成を達成しうるようにできているのである。

マルクスがその溢れるほどの才能と情熱を傾けて作り上げたマルクス理論は、人類の幸福を真摯に願う彼の思いの所産に他ならない。そしてこの思いは時代を越えて一九七〇年代の若き日本のマルキストにも脈々と受け継がれている。そう、私は思った。
翻《ひるがえ》って自分はどうか。私に、社会の弱者を思いやる心があるだろうか。「どう考えてもそれはない」。そう言わざるをえなかった。「世のため人のために役立ちたい」という思いはある。しかし、それは自分の才能を活かして自分の幸福を追求する延長線上に求めるものであって、自分の幸福を犠牲にしてまで他人に奉仕したいとは思わない。ルサンチマンの強い人々とかかわって、人から誤解されたり憎まれたりする事態も極力回避したい。そう私は思った。

⁂

当時読んだ小説に柴田翔の『されどわれらが日々』（第五一回芥川賞受賞作品）があった。この小説に登場する若者は、かつて学生運動の闘士であったが警官隊との衝突を目前にして闘争現場から離脱した。彼はそのことに負い目を感じながらもその後しばらくは共産党の秘密軍事組織（当時はそういうものがあったようだ）のメンバーとして活動を続けた。やがて、大学卒業を控えた彼は共産党を離党し、卒業後は一流企業に就職し将来を嘱望される社員となった。しかし、ほどなく彼は自殺する。彼の遺書に認《したた》められていたのは強い自責の念であった。「自分は思想と同士に対する裏切り者である。」それが彼のダイイング・メッセージであった。

なんと痛ましいことか。しかし、この若者の最大の「誤り」はマルキシズムという彼には凡《およ》そ不似合いな世界に足を踏み入れたことであろう。そう私は思った。私は決してそのような過ちは犯すまい。私にとってマルキシズムは永遠に赴くことのない彼岸の地であり続けるだろう。

自分は背徳者なのだろうか。しかし、弱者のために生きることだけが価値ある生き方ではあるまい。かろうじて、私はそう思うことができた。たとえば、スポーツや芸術に打ち込み、生涯をそれに捧げる人生に意味がないはずがない。大事なことは、大きな夢や理想を抱き、その実現を目指して生の完全燃焼をはかることだろう。しかし、友人たちにとってのマルクス主義に比肩するような夢や理想が私にあるだろうか。もし、それが見つからないとすれば、私は与えられた才能をいかなる目的のために使っていったらよいのだろうか。

答えの見つからぬ疑問を抱いたまま、私は次第に学業を怠り享楽に耽《ふけ》る生活を送るようになっていった。

(1) 私が通った学校は県立千葉高校である。

(2) 本文に記載したような負の感情を「ルサンチマン (ressentiment)」という仏語で最初に言い表したのはキェルケゴールのようであるが、大抵の人はニーチェの『道徳の系譜』を読んでこの言葉に親しむのではないだろうか (私もそうだった)。

(3) 『マルクス=エンゲルス全集』第四〇巻大月書店 (一九七五) 五一九頁。

第三章

法学部時代（その①）

——自堕落な生活からかろうじて立ち直る

軟派な学生になり果てる

大学に入学して三度目の春を迎えようとしていた。東大の学生は三年目から専門学部に移り、（教養学部を専門学部に選ぶ学生を除く）全員が専門学部のある本郷キャンパスに通い始める。教養学部文科一類に在籍していた私は当然法学部に進学するわけだが、実は専門科目の授業は二年の時から始まっていた。しかし、その頃私はほとんど大学に顔を出しておらず、したがって専門科目についても完全に勉強を怠っていた。

言い訳めいた話になるが、最大の問題は居住環境にあった。当時私が住んでいたのは「学生マンション」と呼ばれる集合住宅であった。そこでは、各学生に個室が与えられており、各階には比較的きれいな浴室があり、希望者には朝と夜食事が提供された。申し分のない生活環境のはずだが、ここに住んでいる者の大半は私立医大の学生であり、その多くは人生を楽しむことの「達人」と言えるような人たちだった。入館当初は彼らとの間に微妙な距離をおいていた私であったが、「青春を謳歌しよう」と決めた頃から（二〇頁参照）彼らとの仲は急速に親密なものとなっていった。

しかも、驚くべきことに、この学生マンションでは三階から下に女子学生（女子高生もいた）、四階から上に男子学生が住んでおり、相互の行き来は二四時間自由であった。なんでも、この学生マンションの経営者は精神科医であり、この方が「男女が共同で暮らす方が精神衛生上良い」という信念を持ってここの運営にあたっているとのことであった。たしかに精神衛生上良いと言えなくもなかったが、はっきり言ってこれでは「毎日が修学旅行気分」である。もっとも、今考えるとそれは実に他愛もない世界で、せいぜい誰かの部屋に皆で集まって朝までトランプをしたり、あるいは蝋燭《ろうそく》を灯《とも》して各自が体験した超常現象について語り合うという程度のものであったが、それでも十分刺激的で、とても勉強などしている「余裕」はなかった。

これではいけないと考えた私は法学部への進学を機にこの学生マンションを退館し、（親に頼んで借りてもらった）本郷近辺のマンションで一人暮らしを始めた。

高校入学時に「変身」に成功したように、再度勉強に打ち込む生活を始めようと目論《もくろ》んでいたのだが、残念ながら、一度味を覚えた「軟派」の世界から足を洗うのは至難の技であった。当時の私の生活ぶりは、たとえば次のようなものであった。

◉ ◉ ◉

夕方五時：起床。ゆっくりお風呂に入って近くのレストランで夕食（実は朝食）を済ます。

夜　七　時：自宅で勉強を始めるが、一時間程度で飽きてしまい、軟派友達と連絡をとり、彼ら・彼女らと連れ立って当時青山にあった「Get Ready」というディスコ（今でいう「クラブ」）に向かう。

深夜二時：Get Ready で閉店まで遊んでから帰宅。司馬遼太郎の小説などを読む。

明け方四時：「今日こそ授業に出よう」と思ってベッドに入るが頭が冴えてしまって寝付けず。

明け方五時：激しい空腹感を覚える。「このまま寝ないで学校に行けばいいか」と思い、着衣して近くの屋台に行き、大盛りのラーメンを食べる。

朝　六　時：ラーメンを完食後三〇分程度の散歩をして帰宅。授業準備にとりかかるが、直ちに猛烈な睡魔に襲われる。

朝　七　時：「一時間だけ仮眠しよう」と思って再度ベッドに入る。

朝　八　時：目覚ましが鳴り、授業に行くべき時が来たことを知るも起きられず。近所の幼稚園から聞こえてくる園児の歓声を子守歌代わりに深い眠りへと入っていく。

夕方五時：起床。前日と同様の一日が始まる。

こんな具合である。しかも、この頃は毎日四〇本程度の「セブン・スター」を吸っていたのだから健康状態もいいはずがない。「こうして、自分は心身ともに落ちぶれていくのだろうか。」そんな気がしてならなかった。

遅ればせながら法律学の勉強を始める

坂口安吾の『堕落論』に次のような一節がある。原文と少し表現が異なるが趣旨ははずれていないだろう(1)。

人間はどんなに堕落しても永遠に堕落できるものではない。どこかに堕落の底があり、ひとたび底まで堕ちてしまえば、あとは這い上がってゆくだけである。

私の場合には、右に紹介したような日々が堕落の底であったようだ。このような生活を一年近く続けているうちに再び勉学への情熱が湧いてきた。ただし、昼夜が逆転した生活リズムだけは直せなかったので、大学の授業に出ることは諦め、ひたすら独学で法律学の勉強に励むことにした。

◉ ◉ ◉

法律学は不思議な学問だ。なぜ不思議かといえば、学問の対象である「法律」自体が高度な知的構築物であるからだ。他の学問と比較すると、このことの意味がもっと明確となるだろう。たとえば、物理学、医学、社会学の対象は、それぞれ自然現象、病理現象、社会現象であるが、これらの現象はいずれも自然発生的なものであり、人間の知的営みはこれらの現象を研究する学問の側に集中している。

これに対して法律学の研究対象である法律はそれ自体が高度に知的な人類の文化遺産であり、法律学の価値は研究対象である法律の価値に依存している（未開社会を扱った法律学というものも観念できなくはないが、それは文化人類学の一領域でしかないだろう）。そもそも西欧社会において古来法律学が有用な学問として認められてきたのは、ひとえに西欧の国々がローマ法に始まる優れた法体系を築き上げてきたからではないだろうか(2)。

この点を踏まえて考えると、法律学には二つの異なった使命があるように思える。すなわち、第一に、法律学には、「何が法律であるか」を社会に伝える使命がある。法律学が「法律の価値に依存する学問」である以上それは当然のことであり、現行の法体系の内容はもとより、それが生み出す実務のあり方を正確かつ効率的に伝授することが法律学の第一の役割といえるだろう。しかしながら、法律学の働きがこのレベルにとどまるとすれば、法律学は価値の「伝達者」にはなれても「創造者」とはなれない。法律学が価値の創造者となるためには「法律をさらに優れたものとするための提言」をなすべきであり、これが私の考える法律学の第二の使命である。法律学がこの使命を果たすことができれば法律と法律学とは相互に価値を与え合う関係に立ち、以って双方の継続的発展を期することが可能となるのではないか。

私が学んだ法律学はこの二つの使命に答えたものであっただろうか。

第一の使命（＝法の伝授）については「概《おおむ》ね果たされていた」といってよいだろう。さすがに東大の先生方が書き著した教科書はいずれも明晰かつ周到であり、独りでこれらの本を読んでいる私でも我が国の法体系の内容を詳《つぶ》さに理解することができた。のみならず、私はその精巧さに魅了された。相殺適状、瑕疵担保責任、詐害行為取消権、正当防衛、共謀共同正犯、未必の故意……さまざまな法律概念が織り成す世界は私が高校時代に愛した数学の世界に優らぬとも劣らぬ緻密さと奥深さを備えていた。しかも、この世界の魅力はその知的様相にとどまるものではない。それは、より豊かで、より公平で、より平和な社会を作り上げるために生み出された人類の叡知の所産である。これを学び法律家になれば、面白くてしかも社会に役立つ仕事ができるのではないか。私は素直にそう思うことができた。

◉
◉
◉

しかしながら、第二の使命（＝立法の提言）に関しては当時の法律学は首をかしげざるをえないものだった。

というのも当時の法律学は、解釈論、つまり「法律をどう解釈するか」という問題に終始しており、立法論、つまり「法律をどう改めるべきか」という問題を取り上げることは稀であったからだ。

解釈論では法律学の第二の使命がまったく果たせないというわけではない。程度の差こそあれすべての法律には曖昧な部分が含まれている。この曖昧さを補うのは裁判所の「法解釈」であり、この限度で裁判所は事実上の立法を行っている。したがって、裁判所を指導する解釈論を提示することは「立法の提言」という法律学の使命に資するものではある。

しかしながら、解釈論が果たせる役割にはおのずから限界がある。

なぜ法律学はもっと大胆に立法論を論じようとしないのか。思うに、その主たる理由は議論の「座標軸」の欠如にあるのではないだろうか。当時の法学部の先生は皆学問に生涯を捧げた研究者であった（現在の法科大学院では教員の約半数は法曹実務家である）。学問を職業とする者は、当然の権利として自分の学問に客観性を求める。客観性（ウェーバー流に「没価値性」といってもよい）こそは彼らの言説が時代の風雪に耐えて輝きを保つための縁《よすが》となるものだからだ。しかしながら、言説が客観性を持つためにはその言説の根拠となる公理あるいはその言説を評価するための準則が必要であり、この公理ないし準則がここでいうところの議論の座標軸である。ところが、法律学が立法の提言を行おうとする場合には何を議論の座標軸とすべきかが明らかでない。各自が勝手な意見を述べたとしてもその善し悪しを判定する基準が曖昧なのである。

その点、解釈論には「救い」がある。言語の一般的使用法に依拠する解釈（文理解釈）、法律全体の体系との整合性を重視する解釈（体系的解釈）、個々の法典に明示された立法目的の達成を重視する解釈（目的論的解釈）など、解釈論にはそれなりの座標軸が存在するからだ（ただし、当時の解釈論には、これらのいずれにも属さない「形而上学的議論」もかなり含まれていたことについては**第四章**で述べる)。残念ながら立法論にはこれがない。したがって、どんなに委細を尽くした立法論を展開しても「学問」にはなれない。おそらくは、これが当時の法学界における暗黙の了解事項であり、事実、「それは立法論でしかない」という言葉は、学説の価値を否定する際の常套文句として使われていた。

⁂

立法論を支える座標軸の構築、この問題について私が新たな視点を見出すことができたのは米国留学時代のことであり、この点は**第九章**で取り上げる。

向いていた法律の勉強

解釈論中心の法律学に対する不満はあったものの勉強の方は順調に進んだ。私にとって何よりも有り難かったのは、法律学の勉強は数学病を引き起こさないということであった。法律学に登場する概念にはすべて詳細な定義が与えられていた。たとえば、犯罪とは「違法性」、「有責性」、「構成要件該当性」の三要件を満たすところの「行為」であり、法律行為とは「意思表示」に則って「法律効果」が与えられるところの「法律要件」であり、その内訳は「契約」と「単独行為」と「合同行為」から成り立っている（鍵かっこ内の言葉にはそれぞれに独自の意味が与えられている）。このような言いまわしは、初めてこれを聞く人には違和感を与えるかもしれないが、それなりの合理性があり(3)、少なくとも当時の私の思考方法には馴染《なじ》みやすいものだった。

成績の話もしておこう。

当時の東大には悪い成績を象徴する言い方として「可山優三（かやまゆうぞう）」という言葉があった。当時の成績は優、良、可、不可の四段階評価となっており（ただし、法学部では「優」と「良」の間に「良上」があり、現在とは異なり「優上」はなかった）、この言葉は「可が山のようにあり、優は三つしかない」ということを意味するものであった。教養学部時代の私の成績はこれよりひどく、ほとんど「可山良三」という惨状を呈していたが、法学部に来てからは状況が逆転し、「優山良三」レベルの好成績を取ることができた。成績が良かった原因は、授業の出欠は問われず試験の結果がすべてであったことと、私の頭脳が法律学に向いていた（つまり、高校時代の判断（一六頁）があたっていた）ことによるといえるだろう。当時の「武勇伝」を二つほどご披露しよう。自慢話になって恐縮だが、不必要に多くの知識を身に付けようとしている（としか私には思えない）現在の法学部や法科大学院の学生諸君には示唆するところがあるのではないだろうか。

◉　◉　◉

その一　竹内昭夫教授の会社法の試験で「ある判決を論評せよ」という問題が出た。私はその判決を読んだことがなかったが、授業に出ている学生の中にはこの出題を予想していたものがおり、試験前に彼と交わした会話の中で「あの判決については竹内教授自身が評釈を発表していて、彼の結論は『前段に賛成、後段に反対』だ」と言っていたような気がした。そこで私はそのような結論になるように論理を組み立てて答案を書いたが、先ほどの会話は私の聞き違いで、竹内教授の結論は「前段に反対、後段に賛成」であった。つまり私は竹内教授とは正反対の意見を述べてしまったわけだが、それでも成績は優だった。

その二　卒業を控えた最後の期末試験にあたり、私は一年留年したにもかかわらず卒業に必要な九〇単位のうちの五〇単位を残していた。最後の半年間はできるだけたくさんの授業に出たのだが、どうしてもあと一〇単位足りない。思案の挙げ句、私は塩野宏教授の行政法三科目、すなわち行政法総論（四単位）、行政手続法（四単位）、行政組織法

（二単位）の合計一〇単位の試験を受けることにした。塩野教授の講義に関しては前年度の学生が作ったノートが生協で販売されていたからである。私はこのノートだけを読んで試験に臨んだが、結果は三科目とも優であった。

司法試験については、泥縄式の勉強で臨んだ大学四年の時はさすがに短答試験で落とされてしまったが、留年して臨んだ翌年の試験では、春の短答試験、夏の論文試験、秋の口述試験と順調に合格することができた。

(1)　参考までに原文の該当箇所を挙げる。「だが人間は永遠に堕ちぬくことはできないだろう。……人は正しく堕ちる道を堕ちきることが必要なのだ。……堕ちる道を堕ちきることによって、自分自身を発見し、救わなければならない。」坂口安吾『堕落論』集英社文庫（一九九〇）一九頁～二〇頁

(2)　文学も法律学と似た状況にあるのではないか。なぜならば、（学問としての）文学の対象である文学（作品）はそれ自体が高度に知的な人類の文化遺産だからである。

(3)　このように高度に抽象的な概念を用いて議論を組み立てていく手法は明治以降我が国の法学界に多大な影響を与えてきたドイツ法学の特徴である。このような法律学のあり方は「概念法学」とい

う名の下に批判の対象とされることもあるが、未知の法律問題を考える際の思考のフレーム・ワークを提供する効果などもあり、必ずしも目的合理性を欠いたものではない。もちろん行きすぎた概念法学は禁物であろうが、少なくとも第四章で取り上げる形而上学的法律学とは異質なものであることにご留意願いたい。

◉ ◉ ◉

第四章

法学部時代（その②）

——分析哲学の使徒となる

◉
◉
◉

分析哲学との出会い

法学部時代に学んだことの中でその後の人生に最も大きな影響を及ぼしたものは碧海純一教授の法哲学である。私はこの講義だけは一回も休まずに聴《き》いた。そして、そこで学んだことはその後今日に至るまでの私の思考方法の礎《いしずえ》となるものであった。

碧海教授の授業を聞くまで、私は哲学という学問に対して親近感と反感という矛盾した二つの感情を抱いていた。「親近感」を抱いた理由は私の思考方法が昔からかなり哲学的だったからであり、この点についてはここまでこの本を読んでもらった読者には改めて説明するまでもないだろう。「反感」を抱いたのは、哲学の持つ「文系」的な佇《たたず》まいが嫌いだったからである。文系的発想というものがすべて嫌いなわけではない（たとえば事象を歴史的に把える発想にはしばしば強い共感を覚える）。しかし、たとえば、文系を自称する人の次のような発言はいかがなものであろうか。

私は数学が嫌いだ。なぜなら数学には答えが一つしかないからだ。

この発言はまったくのナンセンスであると私は思う。学問の目的が真理の追究にある限り答えが一つしかないことはむしろ理想であり、そこに違和感を覚えることが「文系の」真骨頂であるとすれば、文系を強調することは明晰な思考能力を欠いていることを自認することに他ならない。そう私は考えていた（今はもう少しソフトに考えている。ちなみに、「理系」に偏した人間の思考方法にも同程度に深刻な問題があるように思われる⑴）。

伝統的哲学はこのように悪い意味において文系的である。哲学の世界では一〇人の学者がいれば一〇個の真理があり、数千年の長きにわたり同じような議論が延々と繰り返されている。しかも多くの哲学者はあたかも自分だけが永遠の真理を探りあてたかの如く主張し、次世代の哲学者はこれを悪《あ》しざまに批判したうえで、性懲りもなく自説を金科玉条の如く振りかざす。このような営みを学問と呼べるのか。そう私は考えていた。

ところが、哲学者の中にもこのような哲学のあり方に疑問を抱いている人たちがいた。彼らは記号論理学や論理的言語分析の手法を使って哲学をできる限り明晰に語ることを目指した。彼らが起《おこ》した哲学は分析哲学と総称される。私が碧海教授から学んだ哲学は、この分析哲学だったのである。

◉
◉
◉

蔓延《まんえん》していた形而上学的議論

碧海教授から学んだことは多岐にわたるが、最も鮮明に記憶しているのは、「反証可能性(falsifiability)」についての話である。これは、代表的な分析哲学者であるカール・ポパー(一九〇二〜一九九四)が唱えた概念であり、ポパーによれば、反証可能性のない主張は知的営みとして無意味である。

ここで反証可能性とは、ある主張が誤っていることを示しうる可能性を意味する。たとえば、「天体は地球を中心にまわっている」という主張(天動説)は反証可能性があるがゆえに意味ある主張であり(誤りであることと有意味であることは矛盾しない)、「すべての人間の行動は予め決定されている」という主張(決定論)も、(思考実験等を通じてその反証を挙げうると考える限り)意味ある主張であろう(2)。

ところが、伝統的哲学では、およそ反証可能性を欠いた主張がまことしやかに語られていた。

その一つは、「〇〇とは何か」という問題を論じる場合である。哲学ではさまざまな文脈でこのような問いかけがなされる。曰《いわ》く、「正義とは何か」、「善とは何か」、「歴史とは何か」等々。ただし、これらの問いが次のいずれかであれば、それは意味のある議論と言えるだろう。

① 「その言葉は一般にどういう意味を持つものとして使われているのか」という問題。ここで問われているのはその言葉の「辞書的意味」にすぎないが、それはそれで反証可能性を備えた命題であると言えるだろう。

② 「その言葉をどのように定義すべきか」という問題。定義の問題である以上もちろん反証可能性はないが、言葉の意味をどう定義するかによってその後の議論の発展の仕方に違いが生じる。したがって、「定義として妥当であるか否か」を論じることは有意義である。

ところが、伝統的哲学では、右の①、②以外の文脈でも「○○とは何か」という問題がしばしば議論の俎上に載せられる。しかし、このような設問に対する回答は反証可能性がなく、したがって、そのような問題を議論することは知的営みとしては無意味である。これがポパーならびに碧海教授の主張であり、私もまったく同感であった。

たとえば、「正義とは何か」という問題について考えてみよう。まず、この問題が右の①

の文脈で論じられているとすれば、それは意味のある議論である。人はさまざまな意味で「正義」という言葉を用いる。単に「ルールを守っていること」という意味でこの言葉を使うこともあるが（ただし、この意味の正義は、むしろ「不正＝ルールを守っていないこと」という否定形で用いる場合の方が多い）、（刑罰その他の手段によって）「不正を糾《ただ》す」という意味に正義という言葉を用いる場合もある（専門家はこの意味の正義を「矯正的正義」という）。これらさまざまな意味の正義概念を分類して整理することは議論の混乱を防ぐうえで意義深い。

さらに、より詳細な議論をするためには、正義という言葉を改めて定義し直すことが賢明であろう。たとえば、「私は正義という言葉を『法のあるべき姿、すなわち法の理念』という意味に用いる」と宣言することは論者の自由である。そして、正義という言葉をこのような規範的な意味を持つ言葉として定義すれば、その必然的結果として「何が正義か」という問題は、「法はいかにあるべきか」という問題と等しい意味を持つに至る(3)。しかし、正義をめぐる議論に意味があるのはここまでであって、これを超えて、「そもそも正義とは何か」、あるいは、「正義の本質とは何か」などと問うことはナンセンスであろう。

◉　◉　◉

当時の法律学にはこのような意味でナンセンスな議論が横行していた（以下、そのような議論を「形而上学的議論」ということにする)。

たとえば、当時の民法学には「法人は実在の存在かそれとも擬制的な(fictitious)存在か」という議論があった。ちなみに、法人とは「株式会社」とか「公益社団法人」などのように権利義務の主体となることが法律によって認められた団体のことを意味する。つまり、法人とはそのような意味を持つものとして法律上定義された言葉であり、それ以上のものでもそれ以下のものでもない。

ところが、そのような定義を超えて「法人とは何であるか」という問題に意味があるかのような議論がまことしやかになされ、しかもそのような議論を積み重ねることによって「法人の代表者が行った不法行為については法人自体も責任を負うか否か」といった現実的な法律問題が解決できると信じている(としか思えない)民法学者が少なからず存在したのである。

刑法学に関しても似たような状況が存在した。たとえば、当時の刑法学では因果関係の解釈をめぐって主観説と客観説と折衷説の「対立」があった(ここでは各説の内容には立ち入らない。興味のある読者は章末の注を参照されたい(4))。刑法において因果関係が問題となるのは、たとえば刑法二〇五条が「身体を傷害し、よって人を死亡させた者は、三年以上の有期懲役に処する（傍点付加）」と記載していることから明らかなように、犯罪の認定を行うにあたっては被告人の行為（前例では「傷害行為」）と一定の結果（前例では「人の死亡」）との間に因果関係があることが求められている場合が多いからである。しかし、因果関係というのは一〇〇パーセント客観的に決めうるものではない。そこで、いかなる要素を考慮し、いかなる要素を考慮しないで因果関係の存否を判断するか、そのルールを定めることには意味がある(5)。しかしながら、これは謂《い》わば因果関係を「どう定義するか」という問題であるから、どのルールが相対的に妥当であるかを議論する余地はあっても、どれか一つが正しく他は誤りであるという結論に至るはずがない。ところが、当時の刑法学者の中には「因果関係とは何か」を探求することによってあたかも何らかの真理が発見されるかの如き語り口で議論を進める者が少なからず存在した。

何という知的エネルギーの浪費であろう。分析哲学の「洗礼」を受けた私はそう思うとともに、形而上学的な議論を法律学の世界から一掃《いっそう》したいと願った次第である。

❀ ❀ ❀

偉大な哲学者もおかしなことを言っている

碧海教授によれば、形而上学的な議論は歴史上偉大とされている哲学者も屡々《しばしば》行ってきた（この主張は本来ポパーが『歴史主義の貧困』や『開かれた社会とその敵』等の著書の中で展開したものであるが、私はこれらの本を拾い読みしただけなので、以下では碧海教授の御意見として紹介する）。その代表例として取り上げられたのが、プラトンのイデア論とヘーゲルの弁証法とマルクスの史的唯物論であった。

プラトンのイデア論とは次のようなものである。

人間の魂（プシケー）がこの世にある限り、事物の本質ないし真の姿――これをイデアと呼ぶ――を把えることはほとんど不可能である。ただし、プシケーは肉体を持ってこの世に生まれる前にイデアの様相を見ているはずであるので、静かに瞑想すればおぼろげながらにこれを心の中で観ることができる。

イデア論が人々の想像力を掻き立てる思想であることは間違いない。のみならず、これを聞いて心の傷が癒されたり、安心立命の境地に至る人がいるかもしれない。しかし、イデア論の正しさを検証したりそれが誤りであることの反証を挙げたりすることは不可能であろう。だとすれば、このような主張から自然や社会に関する具体的真理を導きだそうとすることは人間の知的営みとして適切とは言い難い。そう碧海教授は述べられた。

碧海教授は同様の視点からヘーゲルの弁証法とマルクスの史的唯物論についてもそれぞれの持つ形而上学的性格を批判的に解説してくれた(6)。その詳細は省略するが、私はこれを聞いてこれらの哲学者の主張に対してそれまで漠然と感じていた疑念の根拠が論理的に解明されていく快感を覚えた。

＊　＊　＊

もっとも、マルクスの史的唯物論を「単なる形而上学」と切り捨ててしまうのはいささか乱暴であろう（碧海教授ももちろんそのような主張をしておられたわけではない）。社会の経済構造が上部構造に大きな影響を与えるものであることは明らかであり、生産力と生産関係の間の不調和がしばしば社会改革の原動力となってきたことも歴史的事実として認めていいだろう。しかし、だからといってこれらの諸現象の関係に人智を超えた必然的な法則があてはまるとまで主張するとすれば、それはもはや、信仰の対象たるドグマ（教義）でしかない。

こうして私は、マルクス主義の理論的支柱である史的唯物論の「魔力」から解き放たれた思いがした。

剰余価値説を見直す

同じ頃、マルクス主義のもう一つの理論的支柱である剰余価値説（二四頁参照）についてもこれを批判的に克服できたように思えた。この点についても説明しておこう。

司法試験に合格してから私は独学で経済学（当時はマルクス経済学と区別する意味で「近代経済学」と呼ばれていた）の勉強を始めた。経済学の知識を踏まえて考えると剰余価値説には大きな「偏見」が含まれている。剰余価値説は生産という営みを「偏微分的思考」で把えているのではないか。そう私は考えた。もう少し詳しく説明しよう。

企業が商品役務を生産するためにはさまざまな生産要素を必要とする。（ノウハウやビジネス・モデルあるいは著作権のような中間的性格の生産要素もあることを考えると）そもそも生産要素を資本と労働に分けて考える発想自体が時代遅れな気もするが、ここでは両者は異なるものとして取り扱うことにしよう（土地は資本に含まれるものとする）。そこで、ある企業がm種類の資本とn種類の労働を使って生産を行うものとし、投入される資本の量を$K_1,\cdots,K_m$、投入される労働の量を$L_1,\cdots,L_n$、産み出される生産物の量をYで表すことにしよう。

さて、企業の技術を所与とすれば、各資本と労働の組み合わせによって生産量が定まる。そこで、両者の関係を生産関数Fで表すことにする。すなわち、

$$Y = F(K_1,\cdots,K_m,L_1,\cdots,L_n)$$

である。

ここで、L_1をn種類の労働の中で最も単純な労働とし、すべての資本およびL_1以外のすべての労働の投入量は固定されていてL_1の投入量だけが調整できると考えてみよう。この場合、YはL_1の値のみによって定まるので、YをL_1で偏微分して考えることができる。すなわち、

$$f(L_1) = \frac{\partial F}{\partial L_1}$$

という偏導関数fが意味を持つ。

この偏導関数に言葉を話す能力を与えれば、彼は次のように言うことだろう。

ご覧のとおり、どれだけの生産がなされるかは我々単純労働の力だけによって定まる。つまり、単純労働だけが価値を生み出しているのだ。にもかかわらず、他の生産要素の提供者にも生産の分け前が分配されているのは彼らが我々が生み出す価値の一部を搾取しているからだ。

これが剰余価値説の発想ではないか。

しかし、そのような主張が許されるのであれば他の生産要素の提供者も同様の主張をしてよいはずだ。すなわち、エンジニアもセールスマンも経営者も、もちろん資本家も、すべての者が、「この会社の富はすべて我々の力のみによって作り出されたものだ」といえることだろう。

右の考え方の誤りは、他人の貢献はあたりまえのものであって自分の努力だけが尊いとする自己中心的発想にある。そこで、この発想を否定し、いかなる者にも身勝手な主張を許さずに生産関数を分析しようとすれば、取り得る手段は一つしかない。すなわち、それは Y を全微分することであり、その結果は次の数式によって表される（ただし、Δ は各要素の変化量を示し、高位の無限小に関する記号は省略した⑺）。

$$\Delta Y = \frac{\partial F}{\partial K_1}\Delta K_1 + \cdots + \frac{\partial F}{\partial K_m}\Delta K_m + \frac{\partial F}{\partial L_1}\Delta L_1 + \cdots + \frac{\partial F}{\partial L_n}\Delta L_n$$

この式の各生産要素の変化量に付された偏微分係数はその生産要素の投入量を一単位変化させた時の生産物 Y の変化量を表しており、経済学ではこの値を（当該生産要素の）限界生産性という。ここで重要なことは、限界生産性をその生産要素の市場価格で割った値、すなわち生産要素一円あたりの限界生産性は、すべての生産要素に関して等しくなるという点である。なぜならば、もしある生産要素の一円あたりの限界生産性が他の生産要素の一円あたりの限界生産性を下回っているならば、最初の生産要素の投入量を減らして後の生産要素の投入量を増やすことによってより低いコストで同じレベルの生産が可能となるからである⑻。

要するに、各企業は生産要素の価格一円あたりの限界生産性がすべて一致するように各生産要素の投入量を定める。各生産要素に対する企業の需要が定まれば、その合計量と各生産要素の市場における供給量の関係によってその生産要素の市場価格も定まる。これこそが市場経済下において各生産要素の価格が定まる大原則であり、剰余価値説に比べてこちらの方がはるかに大きな真理を、しかもはるかに明晰に、示していると言えるのではないだろうか（ただし、「だから市場原理だけでよい」と言うつもりはない。この問題については**終章**で取り上げる）。

学生時代に終わりを告げる

一九七七年の冬、卒業を間近に控えた私は残された時間を惜しむかのように大学キャンパスを歩き廻《まわ》った。正門から続く銀杏並木は凜として蒼天に向かい、舗道では吹き集められた枯葉がからからと音を立てている。その音に耳を傾けながら、私はこの大学で過ごした素晴らしき日々のことを思い出していた。友人たちと夢中で語り合った人生論、毎回胸をときめかせて臨んだ春と秋の学園祭、私が主宰して始めた源氏物語の研究会、ダンス・

パーティーやディスコに通い詰めた頃、司法試験の勉強に集中したひととき……。去りゆくこれらの日々に万感の思いを残して、私の学生時代は終わった。

⦿ ⦿ ⦿

(1) 「理系」に偏した人が陥りがちな思考方法上の問題のうち最大のものは、「人を見て法を説く」意識の欠如にあるのではないだろうか。人間の知の営みは「真理の発見」と「同意の獲得」に大別できる（二四四頁参照）。人が日常生活で行う知的営みの大半は真理の発見を目的とするものではなく、同意の獲得を目的とするものである。同意の獲得を目的とする営みで重要なことは聞き手の感情や理解力に配慮することであり、この意識を欠いて自説を主張しても相手の了解を得ることは難しい。自説を強調するあまり陪審員の反感を買って死刑の宣告を受けたソクラテスは、悪い意味における「理系人間」だったのではあるまいか。

(2) ちなみに、決定論を受け入れるか否かは刑罰の正当根拠をめぐる刑法総論の議論に大きな影響を与える。私は、学生時代は熱烈な決定論者であったが、その後ある種の思考実験をするなどして「宗旨替え」し、現在では自由意思の存在を肯定してよいと考えている。

(3) 現在東大で法哲学を教えておられる井上達夫教授は正義論を正義概念論と正義構想論に分けて考えることの有用性を指摘されている（井上達夫『法という企て』東京大学出版会（二〇〇三）一三

頁以下）。結論においては私も同意見だが、そこに至るロジックは若干異なっているかもしれない。私の理解するところによれば、正義概念論とは（正義という言葉が一般的に多義的に用いられる言葉であることを踏まえたうえで）「正義をどう定義すれば一番実りの多い議論が展開できるか」という定義の妥当性を問う問題である。他方、正義構想論が登場するのは正義概念論において正義を「法の理念」ないしはそれに準じる規範概念として定義したことの必然的結果に他ならない。

(4) 因果関係の存否を判定するにあたり、主観説は「行為者が認識・予見し得た事情のみを考慮する」ものであり、客観説は「行為当時に存在したすべての事情および行為後に生じた客観的に予見可能な事情を考慮する」ものであり、折衷説は「行為当時一般人が予見可能であった事情と行為者が認識・予見し得た事情を併せて考慮する」ものである。山口厚『刑法総論〔補訂版〕』有斐閣（二〇〇五）五五頁以下参照（ただし、字句を一部変更した）。

(5) 因果関係という概念の曖昧性を相当程度許容したままで、あとは裁判官や裁判員（米国であれば陪審員）が行う「事実認定」に委ねるというアプローチもあるだろう。米国では「因果関係」や「損害」の認定にあたりそのような傾向が顕著であり、我が国でも「猥褻《わいせつ》」の認定などについてそのような処理がなされている。

(6) ヘーゲルの弁証法に関して碧海教授は次のように喝破された。「それは森羅万象のいかなるものにもあてはまるがゆえに何も言っていないに等しい。このような言説を『空虚公式（empty formula)』という。」

(7) 本文に挙げた式が数学的意味を持つためには式の末尾に「$+o(|\boldsymbol{e}|)$」を付加する必要がある。ここで $|\boldsymbol{e}|$ はすべての生産要素の変化量のベクトル、すなわち（$\Delta K_1, \ldots, \Delta K_m, \Delta L_1, \ldots, \Delta L_n$）の大きさ（$\boldsymbol{m+n}$ 次元空間における原点との距離）を表し、$o(|\boldsymbol{e}|)$ は $|\boldsymbol{e}|$ よりも大きなオーダーで0に収束する関数を意味している。すなわち、$|\boldsymbol{e}| \to 0$ のとき $o(|\boldsymbol{e}|)/|\boldsymbol{e}| \to 0$ である。

(8) ある生産要素の投入量を相対的に増加させればその生産要素の限界生産性は一般的に低下すると考えられているので、投入量を増やした生産要素の一円あたりの限界生産性が投入量を減らした生産要素の一円あたりの限界生産性と永遠に一致しないという事態は考えられない。

第五章

修習生時代（その①）

――司法研修所での充実した日々

司法修習生となる

一九七八年四月、私は第三二期司法修習生として当時文京区湯島にあった司法研修所の門をくぐった。司法修習生は司法試験合格者を対象に最高裁判所が採用した準公務員であり、二年間の修習（現在では一年に短縮されている）の後《のち》最後の国家試験である司法修習生考試（一般に「二回試験」と呼ばれている）に合格すれば、晴れて法曹有資格者（裁判官、検察官および弁護士）になることができる。二年間の修習は、最初と最後の四カ月は湯島の研修所で行われ（これを「前期修習」、「後期修習」という）、その間の一六カ月はいずれかの都道府県の裁判所、検察庁および弁護士会で行われる（これを「実務修習」という）。

前・後期修習は、全修習生を一クラス約五〇人から成るクラスに分け、各クラスに五人の専任教官を割り当てて行われる。五人の教官の内訳は裁判官二人、検事一人および弁護士二人であり、それぞれが民事裁判、刑事裁判、検察、民事弁護および刑事弁護の各科目を受け持つ。修習は、「白表紙《しらびょうし》」（初めてこの言葉を聞いたときは平家物語に登場する「白拍子」を連想してしまった）と呼ばれるテキストを中心に進められる。白表紙とは教官たちが全国の裁判所・検察庁・弁護士会を廻って集めてきた生《なま》の事件記録に関係者の名前を変更するなどプライバシーの侵害が起きないような改変を施して作成された一件書類のことであり、修習生はこれを読み、独力で「判決書」、「起訴状」、「準備書面」などの書類を起案し担当教官に提出する。教官は提出された書類に目を通しこれに詳細なコメントを付して提出者に返却する。そのうえで、起案講評の授業が行われる。教官はいずれも各界選り抜きの俊英であり、しかも修習生の起案をすべて読んでいるのだから（つまり、修習生にとってはあらかじめ「手の内」をすべて知られているのであるから）語り口は穏やかながらかなり難しい質問を修習生に浴びせかける。

しかし修習生も負けてはいない。彼らもまた最難関の国家試験に合格した強者《つわもの》たちであるから（当時の司法試験の合格率は約二パーセント、勉強を始めてから合格するまで平均して約一〇年の歳月を要する超難関の試験であった）、教官の質問を真摯に受けとめて堂々と自分の意見を述べる。その白熱のやりとりは小学校から大学までに聞いたいかなる授業よりも面白く、私は毎回時が経つのも忘れて議論に加わった。

◉
◉
◉

民事裁判の授業と要件事実の教育

なかでも白眉であったのは定塚孝司判事が教鞭を執られた民事裁判の授業であった。定塚判事は豪放磊落《ごうほうらいらく》を絵に描いたような、それでいて抜群に頭の切れる先生で、最初の授業の劈頭《へきとう》にこう言って教室を沸かせた。

定塚教官　いよいよ真打ちの登場だ。私の授業が聞ける諸君は幸せ者だな。

それに次ぐ発言はさらに我々を驚かせた。

定塚教官　諸君は大学で表見代理は三つあると習ったであろう。それは間違いである。表見代理は二つしかない。なぜか。誰かがこの問題に正しく答えられたら、今日の授業はこれでお仕舞《しま》い。グラウンドに出て皆《みんな》でソフトボールをしよう。

残念ながらこの問題には誰も答えられなかった（しかし、万が一誰かが正解を述べていたら本当にソフトボールをしたのだろうか）。そして、この質問こそが民事裁判・民事弁護両科目の最重要テーマである「要件事実教育」の幕開けだったのである。

要件事実とは、民事裁判の当事者である原告や被告が自分の言い分を裁判所に認めてもらうために主張・立証すべき事実を同種の事案ごとに類型化したものである。「そんなことは法律を知っていれば自明のことではないか。」そう思われるかもしれないが、実はそうではない。ここはやはり、定塚判事のお知恵を拝借し、表見代理を例に挙げて説明するのが一番であろう。

まず、「代理」という法現象には必ず三人の人物が登場するので、これを「本人」、「代理人」、「相手方」と呼ぶことにする。売買契約を例に挙げて説明しよう。ある男Aがある女Bから中古車一台を一〇〇万円で買う契約を締結した。この場合、本来であればAが買主としての権利・義務を負うはずである。しかし、AがCの代理人として行動していた場合は話は別であろう。この場合はAが代理人、Bが相手方、Cが本人であって、買主としての権利・義務は、契約を結んだAではなく、本人であるCに帰属する。

⦿ ⦿ ⦿

そこで、Bが、「明日代金を支払うから」というAの言葉を信じ即日車をAに引き渡したが、翌日になってもAは現れず、その後Aの所在は車ごと不明になってしまったと仮定しよう。

この場合、Bにとっては、Cを被告として売買代金の支払いを求める裁判を起こすことが最善の救済策であろう。しかし、Cに対する裁判では、

① AはCの代理人と称して○年○月○日Bとの間で中古車Xを代金一〇〇万円で買い取る旨の売買契約を結んだ。

② Bはこの契約の対象物である中古車XをCの代理人と称するAに即日引き渡した。

と主張するだけでは足りず、これに加えて、

③ 本件取引についてAとCの間には前者を代理人、後者を本人とする代理関係があった。

ということも立証する必要があるだろう。

しかし、このような謂わば「先方の事情」を証明することはBにとって必ずしも容易なことではない。そこで民法では、三つの場合について、仮に本当の代理関係がなくても本人（と称された者。以下、同じ）が相手方に対して責任を負う場合を定めており、これを「表

見代理」という。三つの場合とは次のとおりである。

(イ) 本人が代理人（と称した者。以下、同じ）に代理権を与えた旨を相手方に表示した場合（民法一〇九条）。たとえばCが株式会社であって、AはC社の代表権のない副社長であったとしよう。「副社長」という肩書きは通常代表権を伴うものであるから、そういう名称の使用をAに許したC社は責任を免れない(1)。

(ロ) 本人が別のことに関して代理人に代理権を与えており、問題とされる事項についても代理人が代理権を持っていると信じる正当な理由が相手方にあった場合（民法一一〇条）。たとえば、AとCが夫婦である場合、Aは日常の家事に関しては配偶者であるCを代理する権限を有している(2)。そこで、何らかの理由によりこの中古車もCの家事のために使われるものだと信じるもっともな理由がBにあれば、実際にはこの車はCの家事とは無関係なものであったとしてもCは責任を免れない(3)。

(ハ) 代理権は消滅していたが、相手方が消滅したことを知らなかった場合（民法一一二条）。たとえば、Cが一旦は本件取引の代理をAに依頼し、そのための委任状もAに渡したが、その後この依頼を取り消したとしよう。ところが、Aは、まだ委任状をCに返していないことをいいことにこれを利用して本件取引に及んだ場合、やはりCは責任を免れない。

◉　◉　◉

以上のとおり表見代理は民法上三つの場合が規定されている。ところが、定塚教官は「表見代理は二つだ」と言う。なぜであろうか。

その絡繰《からく》りは先に記した③の要件にある。

実は、③において「……代理関係があった」と記載したが、これは事実を法律のフィルターを通して眺めた状況の記載である。しかし、事実をどのように評価するかは本来裁判所が決めることであり、原告であるBが主張・立証すべきことは代理関係の成立を基礎づける事実、具体的には、

③′　○年○月○日、CはAに対して、委任状を交付することにより本件取引の代理人となる権限を与えた。

という事実である。要するに、原告であるBが自らの請求を裁判所に認めてもらうために主張すべき事実（これを「請求原因」という）は①、②および（③ではなく）③′である。この点を踏まえて先に述べた表見代理の主張を考えてみよう。

まず、(イ)の表見代理。この場合原告たるBは③′の主張に替わるものとして、「副社長とい

う肩書きを与えた」と主張していると考えられる。同様に(ロ)の表見代理についても、③′の主張に替わるものとして「AとCは夫婦であり……」という主張をしている。

ところが、(ハ)の表見代理は違う。ここで主張されている「代理権は消滅していたが…」という主張は一旦は代理権が授与されたことを前提としている。つまり、(ハ)の主張は③′の主張を前提とするものであり、そうである以上、請求原因として新たに主張すべき事項は何も含まれていない。つまり、(ハ)の主張は(イ)や(ロ)と異なり請求原因に含める必要のない主張であり、これが「表見代理は二つしかない」とする定塚判事の真意であったのだ。

では、(ハ)の主張には意味がないのか。

もちろん意味はある。ただし、それは①、②、③′の請求原因に対して、被告であるCが、

④（仮に①、②、③′の主張がすべて正しいとしても）Cは、○年○月○日、Aに与えた本件取引の代理権を撤回した。

と主張した場合のことである。このような被告の主張（＝請求原因がすべて認められたとしてもなお原告の請求が斥けられるべきであることを基礎づける主張）を「抗弁」という。そして、④の抗弁が主張された場合に初めて原告Bはそれに対する「再抗弁」として、

⑤（仮に④の主張が正しいとしても）Bはその撤回の事実を知らされていなかった。

と主張することを認める根拠が(ハ)の表見代理の規定（民法一一二条）なのである。つまり、(イ)、(ロ)の表見代理は請求原因を形成するものであるのに対して、(ハ)の表見代理は再抗弁としてのみ意味を持つ。このような主張の論理的先後関係を事案の類型ごとに定めていくのが要件事実教育というわけである。

◉ ◉ ◉

私が要件事実教育に特に興味を持ったのは、この技法は法廷以外の議論の場でも広く応用できるものではないかと考えたからである。

要件事実を意識して議論を組み立てることは二つの点において有益であろう。すなわち、第一に、それは議論を行う者（法廷であれば弁護士）に対して戦略を授ける。最初から主張すべき事実は何であり、相手の対応を見極めたうえで主張するかしないかを決めるべき事実は何か、そのような主張の戦略的選択を可能にさせてくれる。第二に、それは議論の進行を司る者（法廷であれば裁判官）に対して秩序と方向性を与える。主張されるべき事実の論理的関係を整理することによって当事者間の議論を（議論がよく噛《か》合《み》うという点において）より生産的なものとし、同時に、（無駄な議論を排除できるという点において）より効率的なものとするであろう。

そういう意識を持って眺めてみると、欧米の立法機関における議論や公開の討議会等では程度の差こそあれそのような技法がかなり取り入れられているように見える。明治以降我が国は必死で欧米の文化を継承してきたのに、なぜ議論の作法ともいうべきこのような技法を無視してきたのであろうか。この問題について私なりの見解を持つに至るのは後のことである（**第一〇章**参照）。

民事裁判の教室に戻ろう。

定塚先生の授業は笑いが絶えることのない楽しいものであった。しかも、正直言って、要件事実の分析は私が得意とする思考パターンに適《かな》ったものであり、定塚先生からも「草野君は裁判官になるために生まれてきたような頭脳の持ち主だな」などとお褒めの言葉をいただいた。調子に乗った私は、「裁判官こそ自分に一番合った職業かもしれない」などと思い始めていたが、この思い上がりはその後一年ほどで潰《つい》え去ることになる（**第六章**参照）。

弱きの検察・強きの刑裁

民事裁判と並ぶ研修所の主要科目は当然のことながら刑事裁判である。しかしながら、刑事裁判の授業は人の訴追と処罰をテーマとするものだけに、「笑いが絶えない」というわけにはいかなかった。

＊　＊　＊

刑事裁判の授業の中心テーマは、白表紙を読んだうえでいかなる犯罪の成立を認め、それに対していかなる刑罰を課すべきかであるが、この点に関して当時の研修所では「弱きの検察、強きの刑裁」という言葉が囁《ささや》かれていた。その意味するところは、「検察の授業で起訴状を起案する際にはなるべく軽い罪で起訴する方が教官の評価が高く、刑事裁判の授業で判決を書く際にはなるべく重い罪を認定する方が教官の評価が高い」というものである。この見解は、「あたらずといえども遠からず」であったような気がする。

まず、検察が「弱気」であることはある意味健全である。裁判所と異なり検察が見聞する証拠は被疑者に不利なものが圧倒的に多い(当時は捜査段階における弁護活動というものはあまり盛んではなかった)。つまり、検察官が起訴状を書くのは被疑者・被告人の嫌疑がピークに達している時であり、裁判になればその嫌疑を否定する証拠の提出はありえてもさらに嫌疑を強める証拠が提出されることはまずありえない。したがって、たとえば起訴状作成時に「七〇パーセント有罪だろう」と思う被疑者を安易に起訴すれば、この確率は裁判の中で六〇パーセント、五〇パーセントと低下していき、下手をすれば公判の維持すら困難な事態となりかねない。

もう一つ、検察官が刑法の条文を機械的に適用して起訴状を書くと結果的に不条理な事態に至る場合がある。

たとえば、次のような事案を考えてみよう。

前科のない二〇歳《はたち》の女性（以下、A子と呼ぶ）が出来心からスーパーで万引きをした。ところが、A子の犯行はレジの店員（以下、B氏という）の目撃するところとなり、B氏は逃げるA子を追跡し、スーパーから一〇〇メートル離れたところでついにA子に追いついた。ところが、A子がB氏の手を必死で振り払ったところB氏は転倒してしまい、その結果彼は手首に全治二週間の打撲傷を負ってしまった。

この事案に刑法の条文を形式的に適用すると、A子の罪は「強盗致傷罪」となり、最低でも六年の懲役刑を免れない(4)。しかし、いくら何でもこれで六年の実刑は厳しすぎるであろう。そこで、起訴状を書く検察官はさまざまな「テクニック」を使ってもっと軽い刑（たとえば「窃盗罪」のみ、あるいは「窃盗罪」と「傷害罪」の併合罪）の起訴状を書くことが多い。検察の授業ではその辺の機微を教えることがあり、このような点も「弱きの検察」という言葉が生まれた理由だったように思われる。

※ ※ ※

では、「強きの刑裁」の方の真偽はどうであったか。まず数字を示そう。前・後期修習全体を通じて私は一〇件近くの刑事判決を書いた。いずれも否認事件、つまり被告人が起訴された罪状を争っている事件であったが、教官の「模範解答[5]」は一件を除きすべて起訴状どおりの罪状認定であり、唯一の例外となった一件も窃盗罪の起訴を証拠不十分としながらも無罪とはせず、「盗品譲受け罪」（当時は「贓物収受罪《ぞうぶつしゅうじゅ》」といった）を認定すべしとするものであった。印象に残っている情景を三つほどご紹介しよう。

その一　今述べた窃盗罪の起訴を斥けた事案の起案講評の授業で教官はこう言った。

でも、この被告人本当はたぶん盗んでますよね。でも、「合理的な疑い」がある以上しようがないですね。しかし、これで無罪はないよね。だから贓物収受で処罰すべきなんですよ。

その二　恐喝罪で起訴されたある男の事件では、法廷に出廷したすべての証人が恐喝の容疑を否定する証言をした。しかし、教官の結論は「有罪が妥当」というものであった。

その三　私の書いた判決が教官の「模範解答」と合致しない事件もあった。それは内縁の妻を刃物で殺害した被告人が殺意を否認した事件であった。私は、①被告人と被害者は曲がりなりにも長年同居して暮らしてきた関係にあり、しかも被告人はいわゆる「ひも」であって経済的に被害者に依存して暮らしていたのであるから被害者の殺害を意図する動機が不十分である、②被告人は捜査段階から一貫して殺意を否定している、③「追いすがってくる被害者を払いのけようと振り向き様に刃物を下から上に振り上げたところ被害者は思いのほか近くまで来ていて刃物が被害者の腹部に刺さってしまった」という被告人の供述には一応の信憑性がある、などの点を理由に挙げて殺人罪の起訴を斥け、傷害致死罪を認定した。

この事件の起案講評の授業で教官は私を指名した。

教　官　草野さん。はい。立ってください。

この教官は言葉遣いが丁寧なことで有名だった。私は起立して質問を待った。

教官　あなたが殺人の故意を否定したとは意外ですね。なぜですか。

◉◉◉

私は先に書いた三つの理由を述べた。

教官　なるほど、一応の理屈にはなってますね。でも本当にそれでいいんでしょうか。いいですか、よく考えてくださいよ。この刃物の刃渡りはどの位でしたか。

私　○○センチです。

教官　そうですね。それってこの位ですよね（といって手でその大きさを指し示す）。すごい大きさですね。これを振り回して人に刺さったら死んでしまう可能性が高いことくらい大人だったら誰でもわかるんじゃないですか。

私　でも、被告人は「被害者はずっと後ろにいると思っていた」と供述していますが。

教官　司法解剖の記録もちゃんと読んでくださいね。刃物は被告人の腹部に○○センチも入っているんですよ。人を振り払おうとするだけの動作でこんなに深い刺創痕ができると思いますか。

私　……。

こんな具合であった。これでは「強きの刑裁」と言われても仕方がなかったのではあるまいか。

しかし、今振り返ってみると、当時の刑事裁判教育はこれで良かったのだと思う。その理由はこうである。

まず、一般論として、研修所教育の目的は裁判の「現実」を教えることにある。修習生は短期間の研修で「洗脳」されるような柔《やわ》な人格の持主ではない。被告人の人権擁護や冤罪防止のために働きたければ本物の裁判官や弁護士になってからゆっくりやればよい。研修所で習うべきことは白表紙を使って実際の裁判を追体験し、平均的な日本の裁判官がどのような思考過程を経ていかなる判断を下すものであるかを知ることであろう。

具体的案件についても考えてみよう。まず、**その一**の案件。被告人には窃盗の容疑が濃厚にあったが、「もしかしたら盗品を譲り受けただけかもしれない」と疑わせる証拠もあったので、「疑わしきは被告人の利益に」の原則に従い窃盗罪の成立を否定する。ここまではクラス中の誰にも異存はなかったであろう。問題は盗品譲受け罪を認定できるか否かである。行為の性質上窃盗と盗品譲受けはどちらかの犯罪しか成立しない。窃盗の可能性が高いということは盗品譲受けの可能性は低いということであり、したがって、盗品譲受け罪だけを訴因として考えればこれについても無罪とすべきことになろう。実はこの考え方は今でも刑事訴訟法学界の通説である(6)。しかし、窃盗か盗品譲受けのいずれか一つの犯罪は確実に行っている者を無罪とすることが正義に適う判決と言えるだろうか。ましてや、問題となった事案では被告人自らが「自分は盗品を譲り受けただけだ」と主張しているのであるから有罪という判断でよかったのだと私は思う。

◈ ◈ ◈

その二の事件についてはどうか。実はこの事件の被告人は地元の暴力団員であり、商店街の店主たちに「上納金」を支払わせようとして恐喝に及んだというのが起訴事実であった。商店街の店主たちは警察官や検察官に対する供述調書では恐喝の容疑を裏付ける供述をしていたのだが、弁護側証人として法廷に現れた者は全員が一致してこれを否定するという事態に到ったものである。警察官や検察官に対する証人の供述調書は伝聞証拠であるがゆえに（弁護人が同意しない限り）原則として証拠能力を有しないが(7)、その証人が法廷で異なる内容の供述をした場合にはその法廷での証言の信憑性を争うための証拠（これを「弾劾証拠」という）として法廷に提出することが認められている(8)。したがって、この事件の勘所《かんどころ》は、①この弾劾証拠の存在によって法廷で被告人に有理な証言をした者たちの証言の信憑性を否定する判断をすることが妥当か、そして仮にそれが妥当であるとすれば、②それ以外の証拠だけによって有罪の判断を下すに足る十分な証明がなされているといえるか、というものであった。教官の判断はいずれの問いについてもイエスであり、おそらくその事件に関する限りその判断は正しかったのであろう（事実、私も同様の判断を下していた）。もっとも、証人が法廷で示したであろう不自然な表情や言い回しを白表紙から読み取ることは困難であり、研修の教材としてはやや不適切な事件であったかもしれない。

その三の事件の主たる論点は「殺意」の認定をどのようにして行うかである。我が国の刑法では計画的殺人と偶発的殺人の区別はなく、他方、殺人と傷害致死の区別は厳格であり、この二つの罪の分水嶺は行為者に殺意、すなわち「相手が死ぬかもしれないという認識」があったか否かである。このような主観的事情はどのような証拠によって判断すべきだろうか。一つの方法は、被告人に対して、殺意があったか否かをあらゆる角度から徹底的に問い詰めるという方法であろう。しかし、この手法が自白の強要に陥りやすいものであることは明らかであり、であるとすれば、もう一つの方法、すなわち外形的事実に関心を集中させて証拠調べを行い、その結果「殺意があったと言われても仕方がない手法」が使われていたことが確認されれば殺人罪を認定するという方法を用いざるをえない。そして、その場合には被告人の主観的事情には罪を肯定するうえでも否定するうえでもあまり重きをおかないというのが公平に適った考え方であろう。この事件を通して教官が我々に学ばせたかったのはそういう考え方であったように思われる。

◉
◉
◉

しかし、以上の点をすべて踏まえても、我が国の刑事裁判のあり方にはやはり問題があると私は思う。何が問題かと言えば、「裁判官はアンパイアの立場に徹すべし」という刑事訴訟法のタテマエと実際の裁判官の意識との間の乖離が大きすぎるということだ。

しかし、そこにはやむをえない一面もある。

現行制度上裁判官は犯罪捜査という行政機能の一翼を担っている。逮捕令状や捜査差押令状を出すのは裁判官の役目であるし、被疑者の勾留や保釈を決めるのも裁判官の役割である。裁判官はこれらの活動を通じて警察官や検察官の献身的な働きを詳《つぶさ》にみている。そんな裁判官にとって無罪判決を出すことは大きなプレッシャーだ。「ここで無罪判決を言い渡せば、多くの警察官や検察官が落胆するだろう。なかには左遷その他の不利益処分を受ける者も出てくるかもしれない。彼らは私を恨み、私を大衆に迎合した無責任な裁判官だと思わないだろうか。」そんな懸念を持たない人の方がむしろ稀であろう。

このジレンマを解決する道は裁判員制度の拡充しかない。二〇〇九年に発足したこの制度は幸い多くの国民の理解の下に定着しつつあるようだが、現行の制度は死刑または無期懲役(もしくは無期禁錮)を課しうる罪に問われている事件か、あるいは、故意により被害者を死亡させた事件にしか適用されない(9)。被告人が希望する場合には、被告人が費用を負担することを条件として、すべての刑事事件に裁判員制度の適用を拡充すべきではないだろうか。

苦戦した模擬裁判

前期修習も終わりが近づき模擬裁判の開催日が迫ってきた。この模擬裁判は、裁判長と二名の陪席裁判官、各三名の検察官と弁護人に加えて、被告人や証人まですべての役割を修習生が演じ、なかでも検察官や弁護人の役を引き受けた者は台本の許す範囲内において必死の攻防を繰り広げ、それをすべての教官が傍聴するという前期修習の終わりを飾るに適《ふさわ》しい一大イベントであった。

この模擬裁判で私は裁判長の大役を仰せつかった。「日頃の勉強の成果を発揮しよう」と秘《ひそ》かにはりきっていたのだが、開催日当日は朝から吐き気が止まらない。這うようにして研修所に言ったのだが、容態は収まらず座っているだけでも苦しい。仕方ないので、一人でトイレに籠もって便器を抱え、込み上げてくる嘔気《おうき》と格闘していたが、まもなく裁判開始の時刻となった。再び這うようにして裁判長席に座り開廷宣言を行った。すると、嘘のように吐き気が消えた。

◉ ◉ ◉

裁判が始まった。

被告人の人定質問、起訴状朗読、罪状認否から始まり、クライマックスの証人尋問が開始される。

弁護人　異議あり。誤導尋問(10)です。

検察官　これは誤導《ごどう》尋問ではなく、ただの誘導《ゆうどう》尋問(11)です。

弁護人　主尋問では誘導尋問もできません(12)。
検察官　証人の記憶を喚起するために行うことは認められています(13)。
裁判長　異議を認めます。検察官は質問の仕方を改めてください。

こんな具合にやりとりが続き、その後、論告求刑、最終弁論と続き、判決の言い渡しを終えたのは夕方近くになってからであった。
夜の懇親会で定塚先生から労《ねぎら》いの言葉をいただいた。

定塚教官　草野君、お疲れ様。なかなか堂に入った裁判長振りだったじゃないか。
私　恐れ入ります。
定塚教官　しかし、裁判が始まる前君はどこにいたんだ。遅刻するのかと思って心配したぞ。
私　ご心配をおかけして申し訳ありませんでした。実は具合が悪くてトイレに籠もっていたんです。
定塚教官　でも裁判の間は頗《すこぶ》る元気そうだったじゃないか。
私　開廷を宣言したら治ったんです。

定塚教官　そうだったのか。わはは（哄笑。私も釣られて笑う）。

◉　◉　◉

どうやら私の病いは多分に神経的なもののようであった。

(1)　正確に言うと、この場合には民法一〇九条の特則である会社法三五四条（表見代表取締役）の規定が適用される。また、相手方の善意・無過失も請求原因とすべきか、あるいは悪意・有過失を抗弁とすべきかについては両説がある（本文では後者の立場を採った）。

(2)　民法七六一条を根拠に夫妻相互間の日常家事代理権を認めるのが判例・通説である。

(3)　最判昭和四四年一二月一八日民集二三巻一二号二四七六頁参照。

(4)　刑法二四〇条。なお、A子の所為は一見単純な窃盗であるが、窃盗犯が逮捕を免れるために暴行行為に及べば刑法上強盗として扱われる（同法二三八条）。ちなみに、本件を仮に強盗致傷罪で起訴したとしても裁判所が酌量減軽を認めれば、刑期を三年に縮減することが可能であり（同法六六条・七一条）、三年の刑期であれば、刑の執行を猶予することもできる（同法二五条一項）。しかしながら、酌量減刑が認められるか否かは裁判の結果次第であるからそれを前提にして起訴状を書くわけにはいかないだろう。

(5) 教官は何が「正解」であるかを明示することはなかった。しかし、いかなる判決を最も妥当と考えているかはその発言を聞いていればおのずと明らかであった。

(6) 池田修＝前田雅英『刑事訴訟法講義〔第三版〕』東京大学出版会（二〇〇九）四五七頁〜四五八頁など参照。なお、この問題は「構成要件を異にする択一的認定の問題」と呼ばれている。

(7) 公判廷外の供述を内容とする証拠を伝聞証拠という。伝聞証拠は反対尋問によるチェックを経ていないので証拠能力がない（＝証拠となりえない）というのが刑事訴訟法の原則である。

(8) 刑事訴訟法三二八条

(9) 裁判員の参加する刑事裁判に関する法律二条一項参照。

(10) 誘導尋問（リーディング・クエスチョン）（後掲注(11)参照）のうちで、特に誤った供述を引き出すおそれの高い尋問を誤導尋問（ミスリーディング・クエスチョン）という。たとえば、犯行を完全に否定している被告人に「あなたはどちらの手で被害者を刺し殺したのですか」と尋問するのは誤導尋問である。誤導尋問は主尋問（証人尋問を請求した者が行う尋問）であろうと反対尋問（相手方による尋問）であろうと認められない。

(11) 誘導尋問とは尋問者が希望・期待している答えを暗示する尋問のことである。たとえば、被告人を指し示しながら証人に「あなたが目撃したのはこの男ですか」と聞くのは誘導尋問であり、「あな

＊　＊　＊

たが目撃した人物はこの法廷内にいますか」と聞けば誘導尋問ではない。

⑿　誤導尋問でない誘導尋問は反対尋問では自由に行えるが主尋問では原則として禁止されている（刑事訴訟規則一九九条の三第三項・一九九条の四第三項）。

⒀　刑事訴訟規則一九九条の三第三項三号参照。

第六章

修習生時代（その②）

――法律家としての前途を悲観する

◉
◉
◉

検察修習で挫《くじ》ける

模擬裁判が終わった後も毎朝研修所に行こうとすると決まって気分が悪くなる。そこで、私は前期修習と実務修習の間の休暇を利用して検査入院し、体の具合を診てもらうことにした。

「あれ。胃がないよ。」胃のレントゲン検査をしてくれた知り合いのK医師は少しおどけてそう言った。私の胃は検査のために飲んだバリウムの重さに耐えられずX線の画像に収まる範囲の腹腔よりも下まで落ちてしまっていた（正確には「伸びてしまっていた」）。

検査入院の最終日、K医師はこう言った。

K医師　診断の結果はただの胃下垂でした。胃下垂は病気の内には入らないから心配はいりません。太れば自然に治ると思うけど、それまではできるだけゆっくりと食事をとるように。食欲のない時は若干のアルコールを摂取するのもいいね。それから、「胃下垂ベルト」というものが市販されているから、それを使うと多少気分が良くなるかもしれません。

私は安心し、早速、その胃下垂ベルトなるものを買い求めた。下腹部を締め上げて胃を支えるこの器具をするとたしかに吐き気が多少治まる。外見がやや見苦しいのが難点だが、そんなことを言っている場合ではない。私はこれを装着し、最初の実務修習地である千葉地方検察庁に赴いた。

私の母方の祖父と叔父はいずれも警察官だった。祖父は私が生まれる前に、叔父も私が小学生の時に他界していたので、記憶はほとんどなかったが、警察官は母にとって馴染みの深い職業であり、母としては（口には出しては言わなかったものの）どうせ法律家になるなら警察と縁が深い検事になってもらいたいと考えていたようである。私自身も検事という職業に敬意と憧れの気持ちを抱いていたので、強い意気込みを持って検察修習を開始した。

地検（「地方検察庁」の略語）で働く検事の仕事は「捜査」と「公判」に分かれている。捜査とは、警察と協力して被疑者の発見と身柄の確保ならびに証拠の収集を行い、最終的には被疑者を起訴するかしないかを決定する活動である。これに対して、公判とは、起訴された刑事事件の裁判に検察官として出廷し、訴訟手続を進める活動を意味する。どちらも重要な仕事ではあるが、どちらが面白いかと言えば圧倒的に捜査である（と言われていた）。検察庁もその点は心得てくれていたのか、修習生の研修も捜査の仕事が中心であった。もっとも、例外的な案件を除いては犯人の身柄の確保や捜査の基礎となる証拠の収集は警察の仕事であり、検事の主たる職務は警察の活動を精査し、起訴・不起訴の判断や公判の維持に遺漏なきように被疑者の取調べを中心とした補充捜査を行うことにある。そこで、私も毎日割り当てられた被疑者と対面して彼ら・彼女らを取り調べ、その結果を調書にまとめる仕事を始めたのだが、これがなかなか難しい。

　そもそも被疑者には自己に不利益な事実を述べるインセンティブがない。米国であれば被疑者の弁護人と司法取引をして被疑者に一定の約束を与えることと引換えに自白を得るというテクニックが一般化しているが、我が国ではそれすらも禁止されている。ではどうしたらよいのか。私は千葉地検で働いている現職の検事たちに直接聞いてみることにした。どなたも最初は口ごもりがちであったが、しつこく尋ねると各自が編み出した「自白獲得術」の極意を話してくれた。曰《いわ》く、「自尊心をへし折る」、あるいは逆に、「自尊心をくすぐる」、「家族の苦境を伝えて被疑者を精神的に追い詰める」などなど、どの方法も違法ではないが、かなりの「荒技《あらわざ》」ではある。綺麗事だけでは済まされない世界であることは百も承知していたが、二三歳の、胃弱で、親とも友人とも口論すらしたことのない私には、正直言っていずれもいたしかねる技《わざ》であった。その中で唯一私でもできるかもしれないと思った方法は、「被疑者とともに泣く」というものだった。たしかに、被疑者に心から同情し、その気持ちが伝わって被疑者が真情を包み隠さず話してくれれば珠玉の供述調書が作れるに違いない。

私は早速これを実践してみようと思った。そこで、万引きで捕まったＯＬ、海外で大麻を購入し空港で見つかってしまった学生、公然猥褻罪で捕まったストリップ劇場の踊子、通行人を死なせてしまったトラックの運転手等々……次々と現れる被疑者の話をできるだけ真剣に聞こうと努力してみたのだが、私の目には一滴の涙も湧いてこない。残念ながら、私には「被疑者と一緒に泣く」どころか、彼ら・彼女らの心の襞《ひだ》に分け入りその心境を真摯に理解しようとする意欲そのものが足りないようであった。

やむなく、私は確実に有罪判決を得るために必要なだけの――ある意味では「簡潔で要領を得た」――供述調書を連日作り続けた。

◉ ◉ ◉

そんなある日、指導担当のT検事から呼び出しがかかった。

T検事 草野君。簡単な事件ばかりでもの足りなさそうだね。

私 とんでもないです。うまく調書が作れず毎日苦戦しております。

T検事 いやいや（と手を振りながら）、今日は君にぴったりの事件が来たからこれをやってもらうことにしよう。

私 どんな事件ですか。

T検事 ヤクザの親分を取り調べるんだ。どうだ、すごいだろう。

私 はあ（と言いながら、内心の気乗りのなさがばれないように注意する）。

T検事 この男はバーでグラスを投げつけて逮捕されたのだが、どうやら店に嫌がらせをするつもりで手下《てした》の者と一緒になって暴れたらしい。ところが、警察は「暴力行為」だけで送検（「検察への送致」の略語）してきたんだ。警察もだらしないよね。そう思わんか。

ここで「暴力行為」とは「暴力行為等処罰に関スル法律」の違反罪（この場合は「共同で

の器物損壊罪」）を意味する。これは刑法上の単純な器物損壊罪よりはやや評価の重い罪である。

私　たしかに、そういう事案でしたら恐喝罪として立件する方が犯罪の実態に合っています。

T検事　そうだね。もっとも、こういう連中は口が堅いから恐喝罪の立件は難しかろう。でも、もう一つこの事件にぴったりの罪があるじゃないか。

私　威暴《いぼう》（「威力業務妨害罪(1)」の略語）ですか。

T検事　そのとおり。威暴なら被疑者の行為がもたらす結果だけを問い詰めていけば自白をとれる可能性も十分ある。私の部屋を使っていいから、一つ頑張ってみたまえ。

私　了解しました。

こうして私はT検事の部屋をお借りして（普段の取調べは修習生が複数いる相部屋《あいべや》で行っていた）、ヤクザの親分を相手に取調べを行うことになった。警察官二名に挟《はさ》まれて現れた親分は着流《きなが》しの和服を着込み、腕には大きな刺青をしていた。取調べに先立ち手錠を解かれた彼は腕組みをして私を睨み付けている。具合が悪くならないよう私は胃下垂ベルトを締め直して被疑者と正対した。

＊＊＊

私　これから取調べを始めます。あなたには黙秘権があります。
親分　そんなことは知ってるよ。早く始めてくれ。
私　警察の調書を読むと、あなたはその店でグラスを床に叩きつけた。そのことは認めるんですね。
親分　ああ、しましたよ。料理にゴミが入っていたんでついカッとなっちまったんですよ。
私　あなたが注文した生ハムのことですね。本当にゴミが入ってたんですか。あなたの見間違いだったんじゃないですか。
親分　本当に入っていたよ。天地神明にかけてもいいね。
私　ふーん、そうですか。でもですね、仮にそうだとしてもグラスを叩きつければ、他のお客さんだって帰っちゃうでしょうし、店に迷惑がかかることはわかってましたよね。
親分　他に客はいなかったね。

私　我々が調べたところ、当時店には他に三人の客がいましたよ。

親分　そんなことは知らねぇなぁ（と大声を出す）。

私　ウッ（これは嘔気が込み上げてきた音である）。

こんな調子で一時間程尋問していると、T検事が部屋に入ってきた。

T検事　おっ、草野君やってるね。どれどれ、どのくらい進んでるのかな（と言って同席していた検察事務官のメモに目を通す）。なんだ、あんまり進んでないじゃないか。よしよし、じゃあ、僕がやってみせてあげよう。君は横に座って見ていなさい。

T検事が私に代わって尋問を続ける。

T検事　○山○男だね。これから僕が質問する。しゃべらないのは君の勝手だが、話す以上は本当のことを言いなさいよ。いいね。おい、君、腕を組むんじゃないよ……。

◉◉◉

こうしてT検事の尋問が始まった。その手際《てぎわ》は見事であり、結局この親分は威力業務妨害罪で起訴されることになった。T検事は私に検事の仕事の醍醐味を味わわせてくれようとしてわざわざこの案件をまわしてくれたのだ。そのお気持ちはまことに有り難かったが、残念ながらいささか逆効果であった。「どうやら自分には検事の仕事は向いてなさそうだ。」そんな気持ちが心の中に拡がってきた。

数日後私の気持ちに追い打ちをかける出来事があった。残暑が厳しい九月半ばのことである。

T検事　草野君。今日はY検事に同行して司法解剖の執行に立ち会ってもらおう。暑いからネクタイはしなくてよいが、上着と修習生バッジは着用すること。それから、遺体に敬意を払うことを忘れないように。

私　はい。

こうして私はY検事と一緒に千葉大医学部の死体解剖室に向かった。

解剖の対象は強姦殺人事件の被害者となった女子高生であった。彼女は夕方遅くまでクラブ活動をしてからの下校途中、なぜか森の中の道を通った模様であり、そこを犯人に襲われ、暴行を受けたうえに殺害された。まことに卑劣極まる犯行である。

解剖室に入った。そこには、数日前までは健《すこ》やかで美しかったであろう少女の遺体が横たわっていた。発見されるまでに日時を要したため腐敗がかなり進んでおり、あたりには異臭が立ち込めていた。遺体に向かって黙祷し、Y検事の傍《かたわら》に立つ。

Y検事は手慣れた様子で担当の解剖医に指示を与え、解剖医が遺体にメスを入れる。

それから約二時間、解剖は徹底して行われた。特に、犯行の傷口と脳（損傷の状況を調べるため）と、それから（犯行の性質上やむをえないことではあったが）性器の解剖は入念に実施され、さまざまな体液の採集が行われた。

Y検事も解剖医もさすがにぐったりした様子である。私は処置を終えた遺体をぼんやり見つめながらT検事をはじめ地検でご指導いただいた方々の顔を思い浮かべていた。そして、ハンカチを口に押しつけ込み上げる嘔気を抑えながら心の中で彼らにこう告げた。

申し訳ありません。検事の仕事は私には無理です。

◉
◉
◉

弁護修習で躓《つまず》く

検察修習の次は弁護修習であった。弁護修習は各修習生に一人の指導担当弁護士が割り当てられ、修習期間中は毎日その指導弁護士と一緒になって弁護士業務に携わる。

私を指導してくださったのは千葉県弁護士会所属の高橋勲弁護士であった。高橋先生は山形県新庄市のご出身、中央大学で法律を学び若年で司法試験に合格された優秀な法律家であった。先生は、若くて（この頃はまだ四〇歳前後であった思う）、しかも、ハンサムで、証人席に片手をかけて尋問する姿などは二枚目スターのように格好よかった（ただし、これをやりすぎて裁判長から「あまり証人を威圧しないように」と注意される一幕もあった）。意外であったのは、高橋先生が衆議院選挙に共産党の公認候補として立候補されていたことであった。ただし、平素は思想のことなど一切語られず、終始穏やかな表情で弁護士業務をこなされていた。要するに、高橋先生は私が学生時代から尊敬してやまない「温厚で博識なマルキスト」（二五頁参照）だったのである。

ただし、やはり先生のご興味の中心は労働運動にあったようで、相談に来る依頼者も労働組合の関係者やその紹介を受けた人が多かった。

たとえば、こんな事件があった。

その依頼者の夫はタクシー運転手をしていた。以下、彼をA氏と呼ぶことにする。A氏は個人タクシーの営業資格は持っていなかったので中堅のタクシー会社（以下、X社という）に所属して勤務を行っていた。この夫婦はマイホームの借入金の返済に負われており、A氏は連日昼夜を分かたずにタクシー業務に励んでいた。X社では運転手が勤務過多にならないよう一定の時間働いたならば休養をとるようにルールを定めていたが、A氏は勤務時間を過少申告するなどしてこのルールを破り、収益の歩合いとして支払われる報酬額を増やすべく努力していた。そして、ある日の明け方運転席で死亡しているA氏が発見された。遺体の様子から見て、A氏は仮眠を取っている最中に心臓発作に襲われそのまま永眠したものと思われる。

この件でA氏の未亡人はX社に対して損害の賠償を求めてほしいと要請してきた。X社がもっと真剣にA氏の健康管理をしていればA氏の過労死を防げたのではないかというのである（ちなみに、当時は過労死を業務上の災害とみなして労災が支払われるというプラクティスは存在しなかった(2)）。高橋先生はこの件で勝訴する見込みがどの程度あるかの調査を私に委嘱し、私は類似案件の判例を調査した。

翌日私は先生に報告書を提出した。

高橋先生　ご苦労様。報告書は後で詳しく読ませてもらうけど、結論はどうなんだね。

私　勝てる可能性は零パーセントです。

高橋先生　ずいぶん確信があるみたいだね。

私　はい。万が一この裁判で会社が責任をとらされるとすれば日本経済は崩壊します。

高橋先生　ほう。

それから私は自分の考えを縷々《るる》説明した。長くなるのでここではその要旨を記そう。

本件でX社に不法行為責任を負わせるためには、A氏の死亡という結果に対してX社に何らかの「過失」があったことを立証しなければならない。過失があったと言うためには、具体的に「X社は○○という行為をすべきであったがそれをしなかった」ということと「X社がその○○という行為をしていればA氏の死亡を回避できた」ということを明らかにしなければならない。本件で○○にあたるのはいかなる行為であろうか。考えうる唯一のものは、「A氏から毎日提出される業務報告書を鵜呑みにせず、彼が勤務時間を過少申告しているかもしれないと疑って何らかの手段を用いて真実を突きとめ、そのことをA氏に示して彼を説得し過剰勤務をやめさせるべきだった」というものであろう。しかし、裁判所にはこの事件だけを取り上げて「X社に落ち度あり」という自由はない。裁判所は法令の解釈、この件で言えば「雇用契約上雇い主が従業員に対して負う安全配慮義務」という抽象的な義務の解釈として右のような具体的な義務の存否を問題にしうるのであり、この点において裁判所は事実上の立法を行っている(三六頁の議論参照)。そうである以上、右の義務は不幸にして本件事件を起こしてしまったX社ばかりでなく、すべてのタクシー会社、いや、むしろ過剰勤務のインセンティブを持つ従業員を抱えたすべての企業に向けられるものとならざるをえない。「そのような企業はすべて勤務時間についての従業員の報告を信用せず、彼らが過剰勤務をしていることを独自に発見するシステムを開発・整備し、これを使うことによって過剰勤務の発生を未然に防止すべし」、この義務をすべての企業に命じる覚悟なくしてA氏の未亡人の訴えを認める判決を書くことは不可能である。しかし、このような義務が一般化されれば、企業はこれによって生じるコストの増大を従業員への報酬単価の引下げその他の手段を通じて賄おうとするだろう。つまり、虚偽申告などは決して行わない普通の従業員も含め多くの誠実な者が不利益を受ける(3)。のみならず、そこには看過し難いモラル・ハザード（倫理崩壊）が生まれる。なぜならば、そのような義務が一般化した企業社会では、嘘をつき過剰勤務をして報酬の引上げを計りつつ、過労で体調を崩した場合にはそれを発見できなかった企業の責任を追及して損害の賠償を求めるという行動が従業員にとって最善の行動パターン（ゲーム理論で言うところの「支配戦略」）となってしまうからである。これでは日本経済は崩壊してしまうのではあるまいか。

私はこのように話した。もちろん、実際には過去の判例を踏まえて説明を行ったが、主たるロジックは以上のとおりである。高橋先生は静かに話をお聞きになり、特に発言はなされなかった。

◉
◉
◉

弁護修習時代の思い出としてもう一つ鮮明に記憶していることがある。

それは、高橋先生と一緒に労働委員会の審議に参加した時のことである。審議の終了後、先生の依頼者である労働組合の幹部たちとの内部会議にも参加した。会議の目的はその日の労働委員会の審議内容を総括し、今後の「闘争方針」を討議するというものであった。組合の幹部たちは皆一様に暗く硬い表情をしていた。高橋先生が私のことを紹介し、私がこの会議に参加することの了承を求めた。書記長と呼ばれていた人物は、こう答えた。「草野さん、参加を歓迎しますよ。だけど、将来間違っても今日の委員会で会社側の席にいた人たちのようにはならないでくださいよ。何しろ、彼らときたら、いつも私たちを騙すための陰謀ばかり企《たくら》んでいるんですから。」

私は耳を疑った。その日の委員会の企業側出席者はその企業の人事部長（らしき人）とその企業の顧問弁護士（らしき人）であった。二人とも穏やかそうな中年の紳士であり、彼らが生活のために（あるいは、その他のいかなる目的のためにせよ）人間としての誇りを捨てて他人を欺くことを生業《なりわい》にしているとは到底思えなかった。そんなことは少し想像力を働かせれば誰にでもわかると思うのだが、そこにいた組合幹部の人たちは、労働側の人間＝正義の使徒、企業側の人間＝悪の手先という図式でしか人を見られないようであった。何という貧しい精神であろう。書記長の挨拶に対して私はぎこちない表情で黙礼することしかできなかった⑷。

◉　◉　◉

弁護修習も後半に差し掛かったある日、高橋先生は私を夕食に誘ってくれた。「今日は君の将来についてゆっくり語り合おう。」そう先生は仰った。食事が始まり、ほどなくして話は佳境に入った。

高橋先生　結論から言おう。草野君は弁護士よりも裁判官になった方がいいんじゃないかな。

私　私もそんな気がしておりました。

高橋先生　君もよくわかったと思うのだが、弁護士のところに相談に来る人たちの中には実にさまざまな人がいる。なかには身勝手な人や欲深い人や偏狭なものの見方しかできない人もいるだろう。

私　はい。

高橋先生　もちろん、弁護士はそういう人たちに迎合する必要はない。しかし、だからと言って彼らの求めを一切受け付けないというわけにもいかない。依頼者の願いを真剣に聞いてあげながら、彼らとある程度の距離を保っていく、それが弁護士業務の難しさであり、同時にその醍醐味でもあるんだ。

私　そのとおりだと思います。

高橋先生　だけど、草野君は多分そういうことが苦手だと思う。それは君が人間として冷たいとかわがままということではない。いや、むしろ、君は人一倍感受性が強く、人の哀しみや怒りやその他さまざまな感情を鋭く察知してしまう。そして、それに対する安全装置のようなものが君の心には備わっていて、他人の感情の起伏に君自身の感情が反応する前にその装置が働き、君はその人に対する関心を失ってしまう。違っているかね。

高橋先生は私を傷つけないように優しい言い方をしてくれているが、真の問題が何であるかは私自身が一番よくわかっていた。本当の問題は、私の心に潜む闘争心にあったのだ。たしかに、私は敵意や憎しみのある世界に身を置くことを恐れていた。それは、そのような世界に巻き込まれ、万が一その敵意や憎しみが自分に向けられた場合には私自身が激しい闘争心を抱く人間であることを知っていたからだ。私は友人と口論をしたことがないことは前にも述べた。しかし、それは口論しようと考えたこともなかったからではない。口論しようと思ったことは何度もあったが、そのつど隠忍自重した。なぜなら、ひとたび私が口論を始めれば必ずや完膚なきまでに相手を言い負かし、その結果、言い負けた相手は傷つき、「人を言い負かす」などという見苦しい行為をしたことによって私自身も十分傷つくことを知っていたからである。しかし、燃え上がる闘争心を抑えつけて隠忍自重することはそれ自体が大きな苦痛だ。それゆえに、対立する人間関係に巻き込まれたり、ルサンチマン（二四頁参照）の強そうな人とかかわりを持つことをひたすら回避してきたのである。しかし、考えてみれば、弁護士に相談に来る人の多くは他人との紛争を抱えた人間であり、同時に、彼ら自身が強いルサンチマンの持ち主である場合も少なくない。そんな人たちの願いに耳を傾け、その願いと社会秩序との折り合いをつけるべく知恵を絞り、必要があれば彼らを粘り強く説得し、あるいは、彼らのために他の者と断固闘う、それが弁護士の仕事である。知恵を絞るところまでは私でもやれる。それは、私の望むところだ。しかし、その後の作業、特に、怒れる依頼者を宥《なだ》め賺《すか》したり、怒れる相手と対決することは考えただけでも気が重い。これでは、弁護士になったとしても半人前の仕事しかできないのではなかろうか。

⁂

高橋先生の話は続いた。

高橋先生　だから君には裁判官が向いている。君は優秀だし、正義感も強いし、バランス感覚も十分にある。君なら間違いなく立派な裁判官になれる。

私　ありがとうございます。

高橋先生　戦争の喩《たと》えはいささか不謹慎かもしれないが、我々弁護士は謂《い》わば地上軍だ。人々の幸せや哀しみを間近に見られるところで戦うことが私たちの本分である。それに対して裁判官は空軍だ。地上の人々の顔は見えないが、その分何ものにも囚《とら》われない公平な裁判を下すことができる。法と正義の神テミスも目隠しをしているじゃないか。君にはそちらの方が似合っている。

私は、満腔の感謝を込めて頷《うなず》いた。

裁判修習で夢と現実の落差を思い知る

こうして弁護修習も終わり、最後の実務修習である裁判修習が始まった。検事も弁護士も不適格であると判明した私は、文字どおり背水の陣を敷く覚悟でこれに臨んだ。

裁判修習は民事・刑事併せて八カ月の長きに及ぶ。正直に言おう。この八カ月は私にとって落胆の連続であった。

何よりも残念なことに、裁判実務は私が期待していたほどに充実した仕事ではなかった。結論は決まっているのにひたすら丁寧なプロセスを踏むことが必要とされており、そのための儀式的ないしは事務的な作業が延々と続く。昔も今もそうなのだが、私は、頭を使っていないと頭が休まらないという変な性分の持主である。だから、私はもっと頭を使いたかった。できることならば、朝から晩まで頭脳をフル稼働させて何かを考え続ける、そんな毎日を送りたかった。研修所の民事裁判や刑事裁判の授業が続いた日々はこの願いに適うものだった。そこで、裁判実務もこれに近いことを期待していたのだが、現実の世界は思い描いていた世界とはかなり異なるものだった（ただし、裁判官志望の若き読者を落胆させては悪いので断っておくが、現在の裁判実務は当時よりも大幅に効率化されている。さらに言うと、私が実務研修を受けた裁判所に当時偶々《たまたま》あまり面白くない事件が山積みされていたのかもしれない。友人の裁判官の中には今でも朝から晩まで頭脳をフル稼働させて働いている人が沢山いる）。

のみならず、裁判官の仕事は極度に受け身である。現代の裁判は、提訴から終結まですべての手続が弁護士（刑事裁判の場合は検察を含む。以下、同じ）のイニシアティブによって進行する。申立の内容やそれを基礎づける主張を決めるのも弁護士だし、証人尋問を行うのもすべて弁護士である。ただでさえ眠気を誘う昼下がりの時間、弁護士が行う証人尋問をひたすら黙って聞いていることは、根《ね》がおしゃべりな私にとってはかなりの忍耐力を要するものであった。

裁判官は、仕事が受動的であるのみならず、その私生活もひたすら目立たないものとしなければならない。ある日、私は裁判所の近くに新装オープンしたロシア料理のレストランにお昼を食べに行った。注文したボルシチ・セットには一杯のワインが付いてきた。少量のアルコールを摂ることは、K医師からも奨励されていたので（八八頁参照）、私は特に気にかけずこれを口にした。すると、翌日指導担当のM判事から呼び出しがかかった。

M判事　草野君。昨日の昼食時に飲酒したという報告が入っているんだが本当かね。

どうやら私の姿を見咎めた裁判所の職員が「ご注進」に及んだ模様である。私は答えた。

私　はい。注文した昼食のセットにワインが一杯付いてきましたので、それを飲みました。いけませんでしたでしょうか。

M判事　非常に良くないね。まあ今回は大目に見てあげるけど、君が本当に裁判官になりたいのなら、今後二度とこういうことのないように注意してほしい。君は、「たかがワイン一杯くらい飲んでも問題ないじゃないか」と考えていたかもしれないけど、世間には物事を針小棒大に騒ぎ立てる連中が沢山いるんだ。そういう連中の餌食とならないためにも、裁判官は毎日細心の注意を払わなくてはいけないんだ。

私　（落胆の気持ちがばれないように注意しながら）わかりました。

M判事　いい機会だからもう一つ忠告しておこう。君がいつも着ているスーツも派手すぎる。裁判官になるならもっと地味で目立たない服装をしなければだめだ。

私　そんなもんですか。

M判事　そうだよ。日本の裁判官は顔の見えない存在でなければならないのだ。判決の中に君の信念を打ち出すことは君の自由だ。しかし私生活で個性を発揮したがる人は裁判官としては歓迎されない。匿名性こそは日本人が裁判官に求める最大の特質なのだ。

じた。

私は心底《しんそこ》がっかりした。と同時に、それまでこの事に気が付かなかった自分の不明を恥じた。

裁判官は個性豊かであってはならない。言われてみればたしかにそうだ。裁判官が社会の名士として脚光を浴びる米国とは異なり、我が国では寡黙でひたすら無機質な風情《ふぜい》を湛《たた》えた人こそが裁判官に適《ふさ》わしい。私だって五〇代・六〇代になればそのような人物になれるかもしれない（と当時は思った。まったくの誤りであったことは言うまでもない）。しかし、当時の私には仕事以外にもしてみたいことが沢山あった。ダンスも続けたいし、ディスコにも行きたい。ロック・バンドも作ってみたかったし、本格的なスポーツカーも運転してみたかった。しかし、裁判官になるためにはこのような夢をすべて諦《あきら》め、ひたすら地味で無味乾燥なライフ・スタイルを受け入れなければならないようであった。

しかし、それも仕方ないではないか。検事にも弁護士にも不適格であることが判明した今となっては裁判官以外に生きる道はない。昔の武士が出家して人生の回天を期したように私も世俗の情念を断ち切ってこの「聖職」を勤めあげよう。そう言えば、裁判官の着る法服は出家したお坊さんが着る「墨染めの衣」によく似ているではないか。私はそう自分に言い聞かせた。

◉
◉
◉

幸い、私は当時すでに婚約しており、結婚すれば楽しい家庭生活を送れる予感がしていた。かくなるうえは、家庭だけに生き甲斐を求めよう。平日は、裁判所と自宅をせっせと往復する。休日は、妻と一緒にガーデニングをしたり鉄道模型を作ったりしてできる限り外部の人との交際を避ける。そんな風にして大過なく終える人生、それもまた良いではないか。そう思い込もうと努めた。

友が皆 我より偉く 見ゆる日よ 花を買ひ来て 妻と親しむ

昔覚えた啄木の歌(5)が心に沁《し》みた。

(1) 本件の被疑者の行為（グラスを床に叩きつけた行為）が「威力の行使」にあたることならびにそれによって店の営業が妨害されたことは明らかである。ただし、現行法上は、これに加えて、店の営業が妨害されることについての被疑者の故意も立証しないと威力業務妨害罪を立件することはできない。

(2) 現在では、過労死全般について（企業側の過失の有無とは無関係に）「業務上の災害」であることを認めて国が労災保険を支払うプラクティスが一般化している。ただし、本件のように被害者に「重大な過失」がありそうな場合にどこまで保険が支払われるかは微妙であろう。

(3) これは当時考えたロジックである。**第九章**で紹介する法と経済学の分析を踏まえると多少議論に変更を加える必要がありそうだ。

(4) ここに掲げた話を当時の労働組合全般の傾向と把えることは誤りであろう。日本共産党が指導する労働組合は一般の組合よりもかなり過激な闘争を繰り広げているところが多く、その中にあっても私がお会いした組合の幹部はかなり強烈な個性の持主であったように思う。

(5) 久保田正文編『新編　啄木歌集』岩波文庫(二〇〇六)四九頁。ただし、かな漢字の表記を一部改めている。

第七章
アソシエイト時代（その①）
——国際弁護士を目指す

※ ※ ※

国際弁護士の世界を知る

そんなある日、同僚の修習生から東京には「ショーガイ弁護士」というものがいるという話を聞いた。「ショーガイ弁護士」という言葉を聞いたのは初めてだったので、最初は「傷害事件を専門にしている弁護士」のことかと思ったが、どうやら「渉外弁護士」と書くらしい。ちなみに、最近では「渉外弁護士」よりも「国際弁護士」という言葉の方が一般的となっているようなので、以下では当時の会話文も含めてすべて「国際弁護士」で統一することにする。

同僚の修習生は言った。

同僚　国際弁護士の事務所では日本企業と外国企業の間の契約交渉など国際的な企業取引をまとめるための仕事が中心らしい。年収もかなりいいそうだ。

私はこの話に強い興味を抱いた。国際弁護士。今までそんな職業があるとはまったく知らなかったが、話を聞く限り、それはかなり自分に合っている仕事ではないだろうか。私が普通の弁護士に向かないと思う主たる理由は敵意や憎しみを伴う人間関係にかかわることに苦手意識を感じるからである。しかし、大きな企業同士の国際取引であれば、そのような感情が絡むことはあまりなさそうだ。仕事の中心が紛争の解決ではなく、新たな契約関係を構築することであればなおさらそうであろう。しかも、国際的な企業取引となれば関係する法律や条約も沢山あるだろうから、さぞかし難しい法律問題が多いことだろう。込み入った法律問題を分析し、その解決に努める——しかも英語で——となれば、私が望んでやまない「朝から晩まで目一杯頭を働かせる」生活も夢ではないかもしれない。

そう思った私は早速国際弁護士なるものの実態を調べてみることにした。

まず、「国際弁護士」というのは法律で定められた資格ではない。したがって、たとえば、外人絡みの離婚事件を二、三件扱っただけで「自分は国際弁護士です」と名乗る弁護士がいたとしても、あながち彼を職歴詐称と非難することはできない。しかし、衆目が認める国際弁護士となるためには、日本の弁護士資格があることに加えてアメリカのロースクール（法科大学院）に留学して法学修士の学位を取得し(1)、そのうえでニューヨーク州かカリフォルニア州の司法試験に合格することが必要なようであった。

国際弁護士事務所と一般に認められている法律事務所は東京に一〇箇所程度あった。所属弁護士の数は多いところでも三〇名程度であり（平均では一〇名前後であっただろうか）、今日のスケールで見たらいずれも小規模な組織であったが、どの事務所も英米の法律事務所のプラクティスに倣《なら》って所属弁護士をパートナーとアソシエイトの二階層に分けていた。

パートナーとは、事務所の共同経営者のことであり、法律上は事務所の経営にかかわる組合契約（パートナーシップ契約）の当事者となっている弁護士のことであり、アソシエイトとは、事務所と委任契約か雇用契約を結びそれに則って事務所に役務を提供している弁護士のことである。この関係は一見伝統的な日本の法律事務所における「ボス弁」と「イソ弁」（「居候弁護士」の略語）の関係と似ているが、国際弁護士事務所におけるアソシエイトはイソ弁と異なり、事務所から独立はせずにその事務所のパートナーとなることが期待されている（ただし、すべてのアソシエイトがパートナーに昇格できるわけではない）。アソシ

◉
◉
◉

エイトとして事務所に入った者は五年程度勤務してから米国に留学し、卒業後米国の大手法律事務所で一・二年働いてから帰国する。その後、一・二年程度シニア・アソシエイトとして勤務し実力が認められればパートナーに昇格するというのが国際弁護士を目指す者が辿《たど》る標準的なキャリア・パスであった。

国際弁護士事務所が範とする英米の法律事務所は一般に「ロー・ファーム（law firm）」と呼ばれている。ロー・ファームは英米の各主要都市に存在するが、中でも有名なのはニューヨークにある大規模なロー・ファームである。これらのロー・ファームは当時でもすでに二〇〇名以上の弁護士を抱えており（今はもっと多い）、企業をめぐる法律問題を専門としている。そのためロー・ファームの弁護士は一般に「コーポレート・ロイヤー」と呼ばれているが、コーポレート・ロイヤーの人気は高く、ハーバードをはじめとするトップ・ロースクールの中でも上位の成績を収めないと大手ロー・ファームへの就職は難しい。

日本の国際法律事務所の多くもこのようなコーポレート・ロイヤーの集団となることを目指していたようだが、我が国では弁護士に対する企業の需要が当時は少なかったため、高度の専門知識が必要とされる「国際取引」という世界に対象を限定して業務を行っている。それが「国際弁護士」の世界の実状のようであった。

＊＊＊

西村事務所への入所を決める

国際弁護士事務所の実態がだいたいわかったところで、私はそのうちのいくつかを訪問してみることにした。ここでは、結果的に私が勤務することになった法律事務所を訪問した時の話を紹介したい。この事務所の正式名称は、当時は「西村眞田法律事務所」であったが、その後さまざまに変わり、現在は「西村あさひ法律事務所」である。以下では、昔のことを話す場合も含めてすべて「西村事務所」ないしは「西村あさひ」の呼称を用いることにする。

西村事務所のオフィスは霞が関ビルにあった。当時の霞が関ビルは東京の都心部にある唯一の高層ビルであり、その偉容は一年ぶりに東京に出てきた私を気後れさせるに十分なものであった。意を決してビル内に入り西村事務所の受付に到着した。

「何と綺麗なオフィスだろう。」私はまずその外観に驚いた。左右の壁はマホガニーで統一されていて、シャガールのものらしき（後でそうではないことが判明したが）青い色調の絵が飾られていた。正面の壁は白いアクリル質の素材をレンガ状に積み上げたもので、手前には大きなレセプション・デスクがあり、そこにはにこやかに笑みを湛える女性が佇《たたず》んでいる。弁護修習で通《かよ》った高橋先生（第六章参照）のオフィスは簡素なものであった。高橋先生は、「これ以上立派にすると来づらく感じる依頼者が出てくるから」と仰っていたが、そのような配慮はこの事務所では必要ないようであった。

受付にいた女性が私を会議室に案内してくれた。この部屋も随分立派である。会議室には、西村事務所の創立者である西村利郎弁護士がすでに入室されていた。西村先生は日焼けしたお顔に（これはゴルフ焼けであることが後に判明した）鋭い眼光を湛え、紺地にピンストライプのスーツにレジメンタル・ストライプのネクタイとポケット・チーフをあしらった服装をしておられた。

その後約一時間西村先生のお話を聞いた。先生は次のような趣旨のことを述べられた。

西村先生　司法試験は戦後一貫して我が国最難関の国家試験であり、法曹界は前途有為な若者を毎年多数受け入れてきた。しかし、そのわりには弁護士が果たしている社会的役割が小さいのはなぜか。そこには二つの理由があるように思う。一つは日本の弁護士が抱いている過剰な「在野」意識である。そもそも法律には社会のパイを増やす働きとパイの配分を公平にする働きがある。いずれも重要であるが、我が国では伝統的にパイを増やす働きは法学部を出た役人に任せ、弁護士は「在野法曹」としてパイの分配を公平にすることに専念してきた。つまり、弁護士は在野法曹という枠組みに自分たちを押し込めることで、その社会的役割を自ら限定してきたのである。しかしながら、官庁が主導して社会を豊かにしていく時代は終わった。これからの時代を率いていくものは民間企業であり、そうである以上、民間企業を法律面でサポートし、豊かな社会を築いていくために働く弁護士の重要性は日ごとに増している。

弁護士が果たしてきた社会的役割が小さかったもう一つの理由は、弁護士が組織を作ることを嫌ってきたからだ。弁護士は、「自由業」という職業的特質にこだわるあまり、組織として仕事に取り組むことを厭う傾向が強かった。しかし、一人の人間にできることなどたかがしれている。大きな案件を、特定のクライアントに従属することなく、こなしていくためには大きな組織を作ることが不可欠だ。我々の事務所は今は小さいが、これから優秀な人をどんどん採用・育成し、豊かで公正な社会を築くために最善のリーガル・サービスを提供する組織を作る。日本一の法律家集団、それはこれまでの我が国の歴史では大蔵省であった。しかし、これからは違う。我々こそが日本一の法律家集団、日本一の「ブレイン・トラスト（頭脳集団）」となるのだ。

私は西村先生が示した構想の大きさと確信の強さに圧倒されていた。先生は続けた。

西村先生　草野君はジョン・フォスター・ダレスという人の名前を聞いたことがあるだろう。そう、アイゼンハワー大統領の国務長官を務めた人物だ。朝鮮戦争の停戦や日本のサンフランシスコ講和条約の締結はダレスの尽力に負うところが大きい。実は、このダレスは国務長官となるまではニューヨークの大手ロー・ファームで働くコーポレート・ロイヤーだった。そんな彼が突然米国という強大な国家のナンバー・ツーとなり、見事にその外交を取り仕切れたことを不思議がる人もいた。しかし、私に言わせれば、それは驚くにあたらない。優秀な法律家とはそういうものである。トーマス・ジェファーソンしかり、リンカーンしかり、米国の歴史に偉大な足跡を残した法律家は枚挙に暇《いとま》がない。我々が目指すのはそういう人物を連綿と輩出していく組織である。

◉◉◉

私は西村先生の迫力に気圧《けお》されてあまり質問もできずに西村事務所の訪問を終えた。私がした唯一の意味ある発言は、「オフィスが素敵なのに驚きました」という（今考えてみると実に間の抜けた）ものだったが、西村先生は破顔一笑し、

西村先生　ありがとう。これはね、お洒落泥棒が作ってくれたんだよ。

という不思議な言葉を口にされた。

西村事務所の訪問を終えた後、西村先生から聞いた話をどのように受けとめたらよいのか私はしばらく悩んだ。話があまりに気宇壮大で当時の私にはいささか現実離れしたものに思えたからである。しかしながら、仮に「話半分」だとしても先生の夢は十分魅力的であり、これを共有できたならば、どんなに張り合いのある人生が送れるだろうか。そう私

は考えた。

「オフィスはお洒落泥棒に作ってもらった」という言葉も妙に心に残った。これは、「お洒落泥棒という名のインテリア・デザイン会社に設計してもらった」という意味であったのだが、少し前に「恋泥棒」という歌がはやっていたこともあり、根がミーハーな私はこの事務所に入れば何か心ときめく世界が開けるような期待を抱いた。

しかし、それでもなお私は西村事務所に入ることを決めかねていた。というのも、私は体力にまったく自信がなかったからである。「国際弁護士の仕事は激務である。」誰もが異口同音にそう言っていた。「最後は体力の勝負だ。」そう公言するパートナーもいた（西村事務所の人ではなかったが）。もしこれが本当ならば、私は必ずや「負け組」となることだろう。やはり、私には穏やかな裁判官人生の方が似合っているのだろうか。思いあぐねた私は司法研修所の定塚教官（**第五章**参照）に連絡をとりご意見を伺うことにした。

定塚教官　弁護士になることを考えているのか。やめた方がいいぞ。君が弁護士になったら一〇〇パーセント失敗するよ。

◉ ◉ ◉

定塚教官は開口一番そう言われた。

私　私もそう思っていたのですが、国際弁護士という職種があることを知りまして、これなら私に向いている気がするんですが。

定塚教官　どんな仕事をするんだ。詳しく話してみろ。

私はそれまでに学んだ国際弁護士に関する知識を先生に伝えた。先生は二、三追加の質問をしてから、こう言われた。

定塚教官　なるほど、よくわかった。それは面白い。僕も若ければやってみたい仕事だ。草野君に合っている。裁判官になってもらえないのは残念だが、その世界の方が君の才能はより大きく輝くだろう。その道を進みなさい。

私　ありがとうございます。ですが、「この世界は体力勝負だ」と言う人もおりまして、今一つ自信が持てないのですが。

定塚教官　どこの世界にもそういうことを言う奴はいるもんさ。きっとその人は体力以外に自信がないんだろうな。しかし、裁判官や弁護士が体力勝負だなどというのは、本当に体を張って仕事をしている人に失礼というもんだろう。君は頭脳で勝負すればいい。体力なんて心配するな。

私　そんなもんでしょうか。

定塚教官　そんなものさ。たしか草野君は麻雀が好きだったよな。前期修習の研修旅行の時も徹夜で麻雀をしていただろう。その時に体力がないと感じたか。

私　まったく感じませんでした。

定塚教官　そうだろう。人間は楽しい時間を過ごしていれば体力など無尽蔵に湧いてくるものさ。迷わず国際弁護士になりなさい。僕も応援してあげるから。

定塚先生はそう言って励ましてくれた。ちなみに、この五年後私が米国に留学する折には定塚先生から身に余る内容の推薦状をいただいた。先生はお言葉どおり私を全力で応援してくださったのだ。定塚先生は、その後東京地裁部総括判事、東京地裁民事所長代行などの要職を歴任されたが、一九九〇年、五六歳の若さで急逝されてしまった。謹んでご冥福をお祈りする。

エネルギーに満ちた世界

◉ ◉ ◉

定塚先生のお言葉で気持ちが吹っ切れた私は西村事務所への入所を決めた。その後、後期修習を済ませ（その間に結婚もした）、二回試験（六二頁参照）にも無事合格して、一九八〇年四月、私は東京第一弁護士会所属の弁護士となり、同時に西村あさひのアソシエイトとなった。

弁護士バッジをもらい、はりきって仕事を始めたのはいいが、現実はなかなか厳しかった。綺麗だと思っていたオフィスも、立派なのは受付と会議室だけで、あとはいたって質素であった。しかも、私たち新人アソシエイト三人（私以外に二人の同期生がいた）はかなり狭い部屋を共同で使わなければならず、電話も三人で一本、担当の秘書もいなかった（個室と担当秘書をいただいたのはアソシエイト四年目からであった）。事務所の規模も当初想定していたよりかなり小さく、パートナーが三人、アソシエイトは私たち新人三人を含めて七人、外人弁護士が一人、秘書七人、パラリーガル（法律補助職員）一人、レセプション（受付）一人の計二〇人という小所帯であった〔ちなみに、現在の西村あさひは、七〇〇人以上の弁護士（外国法弁護士を含む）を擁する日本最大の法律事務所となっている」。

事務所の規模や職場環境は今一つながら、仕事の面白さとそれに打ち込む先輩弁護士の意気込みは当初の期待を裏切らなかった。「日本一の法律家集団を目指す」という西村先生の夢はパートナー全員が共有しており、そこには、生まれたての赤ん坊星雲のようなエネルギーに満ちた世界があった。初めてお会いした時に西村先生が語ってくれたことは決して「話半分」ではなかったのだ。

私たち三人の新人アソシエイトは三人のパートナーに一人ずつ配属されて指導を受けることになった。私の指導担当パートナーは西村先生御自身であった。こうして、私は毎日朝から晩まで西村先生の薫陶を受けることになったわけだが、この時代に学んだことは今でも忘れていない。曰《いわ》く、「弁護士の仕事にはシングル・ミステイクもあってはならない。一つのミスがクライアントの信頼を失う原因となるのだ。」曰く、「わざわざ来てくれたクライアントを感動させることなく帰してはならない。感動を与えた感触が得られなければ、それが得られるまで話を続けよ。」曰く、「コーポレート・ロイヤーはチャーミングでなければならない。そのためには、身だしなみに気を配り、つねにセンスのよい服装を心がけなければならない。」これらの教えはいつしか私自身のモットーとなり、次世代の弁護士たちにも受け継がれていった。

西村先生には仕事以外でも多くのことを教えていただいた。ゴルフも文字どおり手ずからご教授いただいたし、それまでコンチ（二〇頁参照）一辺倒だった私に英国流のお洒落を教えてくれたのも西村先生であった。さらに、「ラテン・クウォーター」や「コパカバーナ」など当時の東京にはまだあった「キャバレー（cabaret）」（生バンドの演奏があり、ダンスが踊れた。現代の「キャバクラ」とはまったく違う。念のため）にもしばしば連れていっていただき、斯界の手ほどきを受けた（ただし、大学時代から軟派でならした私は、この世界だけは師匠より一日の長があった気がする）。

⁂

仕事の話に戻ろう。

コーポレート・ロイヤーが扱う法律、それは修習生時代に慣れ親しんだ六法（憲法、民法、刑法、商法、民事訴訟法、刑事訴訟法）の世界をはるかに凌賀するものだった。まず、会社法（当時は商法の一部であった）は会計の知識も含めて完全にマスターしなければならない。さらに、証券取引法（現在は「金融商品取引法」という）、独占禁止法、労働基準法、所得税法、法人税法、租税条約などの知識が必要であり、当時はこれに加えて、外為法《がいためほう》（「外国為替及び外国貿易管理法」の略語）に精通している必要があった。これらの法律を駆使してクライアントから与えられた問題を解く作業をしていると瞬《また》く間《た》に時間が過ぎていく。気がつくと朝になっていることもしばしばあったが、有り難いことに体調は頗《すこぶ》るよい。定塚先生が仰ったように楽しく仕事をしている限り体力は無尽蔵に湧いてくるようであった（ただし、念のために言っておくと、私は同期の弁護士の中ではダントツに勤務時間が少なかったと思う。時間の少なさを集中力でカバーしたと言えば聞こえはよいのだが）。

しかし、国際弁護士への道には法律の勉強以上に大きな難敵が待ち構えていた。すなわち、それは、いかにして英会話力を高めるかという問題である。

英会話力という壁

私は中学・高校の授業以外では一切英語の勉強をしてこなかった(2)。外人と話したこともなく、英会話学校に行ったこともない。英語のニュースを聞いたり英語の映画を観たりしたこともまったくなかった。よくもまあ、これで国際弁護士になろうなどと考えたもの

* * *

だと今考えるといささか呆れる思いがするが、とにかく英会話力は零に近かった。西村先生は「英語力などは後からゆっくり身につければ十分。法律家としての分析能力の方がはるかに重要だ」と仰っていたが、そうは言っても、会うクライアントの多くは外人であったし、日本企業がクライアントの場合でも扱う文章はほとんどすべて英語で書かれており、先方との交渉もすべて英語で行わなければならない。

そこで、私は必死になって英会話力の向上に励んだ……と言いたいところだが、そのために何か特別なことをしたという記憶はない。ＮＨＫの「ラジオ英会話」を毎朝聞こうと試みたが、朝が弱い私にはとても続かない（ちなみに、現在は毎朝欠かさずＮＨＫの外国語講座を聴いている。年をとると朝が強くなるものだ）。唯一心掛けたことは事務所にいた外人の弁護士さんとなるべく沢山話をすることであったが、そうこうするうちに私はあることに気が付いた。それは、高校時代に覚えた英語の知識だけで仕事に必要な英会話は十分こなせるということだ。たしかに、教科書で学んだ英語はかなりフォーマルな英語であり、決してネイティブの英語のようにはいかない。しかし、バイリンガルな人ならいざ知らず、私のような普通の日本人が「Come on!《カモン》」とか「Okey Dokey《オキドキ》」などと言い出したらいささか不気味であろう。それよりも、「Could you be kind enough to……」とか、「I'm afraid

I am not in a position to talk about……」といったフォーマルな英語をたどたどしくても正確に話す方がはるかにこちらの気持ちがよく相手に伝わるのではあるまいか。このことは逆の状況を考えてみれば明らかだろう。たとえば、あまり日本語の上手くない外人さんに「あのさぁ。これでいいだろ。お前」などと言われたら、普通の日本人はかなり「ムカつく」に違いない。逆に、「ワタクシの日本語はセツレツでマコトにキョーシュクですが……」と語りかけられれば、こちらも居住まいを正して誠実に対応しようと思うのではなかろうか。

高校英語で足りないのはテクニカル・ターム（専門用語）である。テクニカル・タームの中でも法律用語については本格的にこれを学ぶべきは当然であり、私は「Black's Law Dictionary」という定番の法律辞典を首っ引きにして語彙を拡げていった。問題は、数学や歴史のテクニカル・タームである。たとえば、「二の四乗は一六」という初歩の数学は誰でも知っているが、これを「Two to the fourth power equals sixteen」と言える人は少ないのではなかろうか。同様に、イタリアの建国叙事詩の作者が「ベルギリウス」であることは高校世界史の常識であるが（ちなみ、彼はダンテの神曲にも地獄への道先案内人として登場する）、英語で彼を「Virgil」と呼ぶことはあまり知られていないだろう(3)。ところが、このようなテクニカル・タームはビジネス英会話では非常に重要である。たとえば、「Aに、Bを分母、Cを分子とする分数を乗じた値」というような表現は国際契約書の中にしばしば登場するが、これを即座に「A multiplied by a fraction the denominator of which is B and the numerator of which is C」と言えるためには高校英語プラスアルファの知識が必要である（歴史用語の重要性については第八章で述べる）。そこで、私はアメリカのカレッジで使っている数学や歴史や地理の教科書を読むことにした。カレッジの教科書は日本の高校の教科書とほぼ同じレベルであるから高校以来慣れ親しんだ知識を手掛かりにすれば辞書なしで読み進めることができる。これらの教科書を毎日就寝前にベッドの中で読むことでかなり効率的にボキャブラリーの増強を達成することができた気がする。

このようにして少しずつ英語力を高めていったが、スピーキングはともかくリスニングの能力はなかなか上がらず、恥ずかしながら今日に到ってもリスニングは苦手である。

◉
◉
◉

特技となった英文契約書の起草

これに対して英語の文章、特に英文契約書の起草（drafting）は私の最も得意とするところとなった。

唐突だが、ここで、「よい文章とはどういうものか」について少し考えてみたい。

さまざまな捉え方があると思うが、ここでは二つの異なる評価基準を使って考えてみることにしよう。その一つは、文章の本来の目的である「情報の伝達」という機能に着目し、「どれだけ多くの情報がどれだけ正確に伝わっているか」を見る評価基準であり、この基準を満たす文章の特質を「情報提供力」と呼ぶことにする(4)。もう一つの評価基準は、「情報がどれだけわかりやすく読み手に伝わるか、また、読み手の感性にどれだけ強く訴えかけるものであるか」を見るものであり、この基準を満たす文章の特質を「訴求力」と呼ぶことにする。

情報提供力と訴求力、どちらも大事であるが、多くの場合、両者を同時に満たすことは困難であり、文章の用途に応じていずれかを多少なりとも犠牲にせざるをえない。

古来、我が国で「名文」といわれてきた文章には、訴求力において優れ、情報提供力においてやや劣るものが多く、松尾芭蕉の紀行文や志賀直哉の文章などはその典型であろう。このような「名文」と対称的なのが法律家の書く文章である。実際の「判決」や「起訴状」を読まれた方はよくご承知のことと思うが、実にわかりづらく、読み手の感性へ訴える力も低い。しかし、忍耐強く読み返せば、このような文書からは多くの情報が正確に伝わってくる。要するに、法律家の文章は情報提供力に優れ、訴求力において（しばしば著しく）劣る文章なのである。

ところが、英文の契約書はこの点でやや趣きを異にしている。それは、用途から言えば典型的な「法律家の文章」なのだが、訴求力という点でも合格点を与えうるものである。少なくとも私はそう感じた。

◉ ◉ ◉

英文の契約書に訴求力があるのは、関係代名詞や（文の後に付加できる）従位接続詞、あるいは（句や節レベルでの）同格表現といった日本語にはない文法構造を備えているからではないか。たとえば、次の文章は英文契約の定義条項に必ずといってよいほど登場する「Affiliate（関係会社）」の意味を定めた規定である。

> An "Affiliate" shall mean, with respect to any Person (as defined below), any other Person which controls, is controlled by or is under common control with such Person provided that "control" by a Person of any other Person shall mean the possession by such

Person of the power to direct, or cause the direction of, the management of such other Person, whether through ownership of voting securities, by contract or otherwise.

参考までに日本語訳も掲げておこう。

ある法人（後で定義する）の「関連会社」とはその法人を支配し、またはその法人によって支配され、あるいはその法人と共通の支配下にあるところの他の法人を意味する。ただし、ある法人の他の法人に対する支配とは当該法人が議決権のある証券の所有を通じて、もしくは契約により、あるいはその他の方法によって当該その他の法人の経営を決定し、または決定せしめる権限を有していることをいう。

日本語に比べて英語の方がはるかにわかりやすく、しかも、その極度に引き締まった文体にはある種の美しささえ感じられるのではないだろうか。

英文の契約は情報提供力という点においても伝統的な日本の契約書をはるかに上回っている。たとえば、企業買収を主題とした英文契約は概《おおむ》ね次のような構造となっている。

定義条項：契約で用いられる用語の意味を詳細に規定する。

取引条項：契約の主題となる取引の内容を特定し、取引の実行日（Closing Date）に各当事者はいかなる行為をなすべきかを規定する。日本の伝統的な契約書はこの取引条項のみから成り立っているといっても過言ではない。

保証・表明（Representations and Warranties）：各当事者が自らの法的地位や取引の対象物の物理的・法律的性質について一定の事実を表明し、その正確性を保証する。

追加約款（Covenants）：各当事者が追加的に負担する債務の内容を特定する。その中には対象物の管理に関するもののような取引の実行日以前の約款と競業禁止義務のような取引の実行日以後の約款の二種類がある。

前提条件（Conditions Precedent）：各当事者が取引の実行を拒否しうる条件が定められる。典型的には、相手方の表明・保証や取引実行日前の約款の違反が発生した場合などが列挙される。

◉
◉
◉

損失補填（Indemnity）：
取引の実行後に保証・表明や約款の違反が発生した場合に違反者が相手方の損失を補填することなどを規定する。

解除（Termination）：
いかなる場合に一方当事者の意思で契約を解除できるかを規定する。

一般規定（Miscellaneous）：
準拠法、仲裁の取決め、契約の正文となる言語などについての一般条項を規定する。

詳細な内容の契約を、わかりやすく、しかも（それなりに）美しい文章で書くこと、これだけでもやりがいのある仕事だ。しかし、契約書は情報提供力と訴求力という二つの要件を満たせばそれでよいというものではない。将来いかなる事態が起きようともクライアントの正当な利益が守られるように細心の注意を払うべきであり、同時に、相手に不当な不利益が生じないように気を配ることも大切である。

私は英文契約書の起草に熱中した。そして、アソシエイト四年目の頃には平均的な英米の弁護士が作るものに決して引けを取らない（と言うか、率直に言えば、それをかなり上回る）英文契約書を作れる力を身に付けたように思う。

効率的な契約書の起草に欠かせないのは「ディクテイション（口述筆記）」である。私の場合には、秘書に机の向かい側に座ってもらい、私が口頭で述べる文章を彼女にその場で書き取ってもらう（現在では、「パソコンに打ち込んでもらう」）という方法でこれを行ってきた。この方法は私にとって二つの御利益《ごりやく》がある。

第一に、私は純粋な左利きで昔から字を書くのが下手でしかも遅かった。ディクテイションはこのハンディを完璧に埋め合わせてくれる。

第二に、秘書が正面でこちらの口述を待ち構えているというプレッシャーによって起草が捗《はかど》る。一人で起草していると、不必要に文章を推敲したり、あるいは、すぐに他のことをしたくなる（要するに「サボりたくなる」）が、ディクテイションをすることでこれらの行為を防げる。

そこで、四年目になって個室と担当秘書を与えられてからは、すべての契約書の起草をディクテイションで行うようになった。何も見ずに集中力を高め（必要な文例はすべて頭の中に入っていた）、一気に数一〇頁に及ぶ英文契約書を起草する。起草した契約書は全文を一字一句違《たが》わずに頭の中で再生できる。それが私の「得技」となった。

◉ ◉ ◉

しかしながら、契約書以外の文章、特にクライアントや相手方を説得するための文章の作成は難しかった。このような文章においては高い訴求力が必要であり、そのような文書が書けるようになるには経験と熟慮の積み重ねが必要である。この点において、西村先生は傑出した力をお持ちであった。当時西村先生が書かれた「名文」の数々は私の記憶の中に今でも大切に保管されているが、なかでも特に好きな一文を紹介しよう。この文章は、クライアントである米国企業と日本企業との間におけるライセンス契約の締結交渉が暗礁に乗り上げた際に、西村先生がクライアントの法務部長（General Counsel）に出した手紙の最終段落に挿入されたものである。文中に出てくる「Ed」はこの法務部長のファースト・ネームであり、このEdに対して、大局的な視点から契約条件の再考を促すことがこの手紙の目的であった。

> Ed, as a learned lawyer like you can instantly understand, life is not as easy as one would dream, and this is particularly true in our situation, where……

参考までに日本語の訳文も添付する。

エド、あなたのように学識豊かな法律家には直ちに納得してもらえることだと思うのだが、人生は人が夢見るほどに易しいものではない。そして、この摂理は我々が置かれている状況には特にあてはまる。なぜなら、ここにおいては……。

私は、一九八〇年代の日本において、このように訴求力のある英文を書いた弁護士に師事できたことを誇りに思うものである。西村先生は長らく西村あさひの代表パートナーをお務めになられたが、二〇〇六年に七三歳の若さで逝去なされた。謹んでご冥福をお祈りする。

◉ ◉ ◉

(1) 米国のロースクールは大学を卒業した者が入る三年制の専門職大学院であり、卒業生にはすべからく法務博士（Juris Doctor）の学位が与えられる（現在の日本の法科大学院も同様である）。本文で述べた「法学修士（Master of Law）」は形式的には法務博士よりも上の学位であるが、これをとる者の大半は昔も今も外国からの留学生である。

(2) 正確に言うと、大学の教養学部でも英語の授業はあった。ただし、当時は勉強を怠りがちであったので（**第二・三章**参照）、英語力はほとんど向上しなかった。

(3) 余談ながら、高校の世界史や地理では外国の地名や人名を現地の発音に併せて表記するのが原則である。そのことの正統性は理解できなくもないが、すべての言葉を英語の発音で教えるようにすれば、日本人の実践英会話力はかなり増大するのではあるまいか（その場合には、当然、ペテロ、ピエトロ、ピーター、ピュートルなどの間の紛らわしい区別も不要となる）。

(4) 法哲学の世界では伝統的に文の「明晰性」という概念が論じられてきた。明晰性とは、「明確性（＝文が真理であるか否かの判定が容易であること）」と「一義性（＝文の外延が単一であること）」の上位概念であり、本文で言うところの「情報提供力」に比べると、「伝達される情報量の多さ」という要素が入っていない点においてより狭い概念である。詳しくは、碧海純一『新版　法哲学概論　全訂第二版補正版』弘文堂（二〇〇〇）一二六頁以下参照。

第八章

アソシエイト時代（その②）

——良き交渉家となるために

コーポレート・ロイヤーとファイナンス・ロイヤー

国際弁護士の仕事は伝統的に「コーポレート」と「ファイナンス」に分かれている(1)。コーポレートとは、**第七章**で述べた「コーポレート・ロイヤー＝会社の法律問題を専門とする法律家」という場合のコーポレートとは異なり（この意味では、すべての国際弁護士はコーポレート・ロイヤーである）、メーカー、卸小売業者、サービス業者など各種の事業会社をクライアントとする仕事のことを意味している。仕事の内容は、昔は国際契約（ライセンス契約、ディストリビューション契約、ジョイント・ベンチャー契約など）の起草と交渉が中心であったが、現代ではM＆A（企業買収）に関する業務（企画立案、法務監査（「リーガル・デュー・ディリジェンス」という）、契約書の作成、契約交渉など）が大きな割合を占めている。これに対して、ファイナンスとは銀行、証券会社、投資ファンドなど金融会社をクライアントとする仕事のことであり、伝統的には証券発行、シンジケート・ローン、エアクラフト・ファイナンスなどの仕事が中心であったが、現代では、各種金融商品（デリバティブ等）の設計や資産の証券化などの仕事も盛んに行われている。本章では、コーポレートの仕事を行う弁護士をコーポレート・ロイヤー、ファイナンスの仕事を行う弁護士をファイナンス・ロイヤーと呼ぶことにする（次章以下では、再び「コーポレート・ロイヤー＝会社の法律問題を専門とする弁護士」という定義に戻る）。

一口に国際弁護士と言っても、コーポレート・ロイヤーとフィアナンス・ロイヤーではかなり性格が違う。少なくとも昔はそう言われていた（現代ではその差はかなり曖昧になっている）。当時のファイナンス・ロイヤーたちは冗談混じりによく次のように言っていた。

コーポレート・ロイヤーとは派手な服装をして、よく喋り、金曜日には六本木で朝まで騒ぐ連中だ。これに対してファイナンス・ロイヤーは、いつも白いシャツに控え目なネクタイをしていて、寡黙で、酒は週末にワインを嗜《たしな》む程度だ。

西村先生のお仕事はコーポレートが中心であったので、先生も私も、ここで言うところのコーポレート・ロイヤーであった。したがって、右のような言われ方はやや心外であったが、正直に言えば、それは「あたらずとも遠からず」であった気がする。たしかに、我々はファイナンス・ロイヤー（当時の西村事務所ではこちらの方が多かった）に比べて、いつも陽気で、よく飲み、歌い、かつ踊っていた。

なぜ、コーポレート・ロイヤーとフィアナンス・ロイヤーの「生態」はかくも違っていたのか。一つの理由は時間を共にすることが多いクライアントの企業文化の違いかもしれない。コーポレート・ロイヤーである私の偏見かもしれないが、事業会社の人の方が金融会社の人よりも一般的に陽気で気さくな人が多かった気がする。しかし、もっと大きな原因はコーポレート・ロイヤーの仕事の中心が「交渉」だったからではないだろうか。この点は、法廷での激しいやりとりを十八番《おはこ》とするリティゲーター（訴訟活動を業務の中心とする弁護士のこと。日本の弁護士の大半はこれにあたる）や膨大な書類の作成に追われるファイナンス・ロイヤーとの決定的な違いであり、良きコーポレート・ロイヤーはすべからく良き交渉家でなければならない。少なくとも嘗《かつ》てはそうであった(2)。

◉ ◉ ◉

交渉とは不思議な営みだ。一方で、交渉は闘いの要素を常に秘めている。対立する利害関係がなければ交渉は生まれず、企業の代表者は、相手の会社の利益よりも自分の会社の利益を優先して行動せざるをえない。しかしながら、交渉は各当事者にノーという自由がある場合にのみ行われるものであり、これを逆に言えば、交渉は最終的に相手にイエスと言ってもらえない限り「成功」することのない営みである。したがって、交渉は友好裡に、相手の気持ちを思いやりながら行うべきものである。身勝手な言動で相手の信頼を失い、結果としてイエスと言ってもらえなければ、相手も自分も交渉の敗者となってしまうからだ。そのために、交渉家はできるだけ物腰が柔らかく、人から好まれ、信頼される風情（「オーラ」と言ってもよい）を身に付けていることが肝要であり、西村先生のお言葉を借りれば交渉家は「チャーミング」でなければならない。

しかし、チャーミングであることは良き交渉家であるための必要条件ではあっても十分条件ではない。そこには乗り越えるべきいくつかの壁があり、良き交渉家を目指す者はこれらの壁を一つずつ乗り越えていかなければならない。私ももちろんこれらの壁に立ち向かっていったのだが、こちらの方は契約書の起草（**第七章**参照）のようにうまくはいかなかった。特に、弁護士になりたての頃は交渉の場の緊張感が苦手で、翌日に交渉があると思うだけで憂鬱となり、交渉の当日は朝から（例によって）吐き気に悩まされるという有り様であった。しかしながら、コーポレート・ロイヤーとしての道を歩み始めた以上もはや後戻りはできない。これは自分に課せられた試練だと観念して良き交渉家となるための壁を一つずつ克服し、それを通じて人間としても少しずつ成長してきたように思う。

本章では、私の交渉家としての成長過程を三つの段階に分け、それぞれの段階で私が学んだり考えたりしたことを書き記してみたい。それぞれの段階で目指した交渉とは、①相手に侮《あなど》られない交渉、②戦略的思考に裏打ちされた交渉、そして③誠実で格調の高い交渉、の三つである。

◉　◉　◉

相手に侮られない交渉

一般論として言えば、相手を威嚇したり、こちらの実力を誇示したりすることは交渉において有害無益である。しかし、相手が明らかにこちらを侮っている場合には自衛手段としてこのような行為に及ばざるをえないことがあり、それを自在に行える術《すべ》を習得することは交渉の初心者にとって重要である。

残念なことに、私が交渉家を目指した一九八〇年代の欧米人には交渉相手としての日本人を「見くびる」傾向が目立ち、ましてや私の如き若輩《じゃくはい》は「格下」扱いされることが多かった。

最大の問題は、やはり「言葉の壁」である。「高校英語で十分」（一三二頁参照）というのは普段の会話についてであって、交渉の世界、特に相手に侮られそうな局面でたどたどしい英語を話していては駄目だ。そのような英語を話していると交渉のスタンスが自然とディフェンシブ（守勢）になり、相手の攻めを躱《かわ》すことで手一杯になってしまうからである。

私は今でも当時の夢を見る。外人から挑発的な発言をされ、直ちに反論しようと思うのだが声が喉から出ない。何とかしようと焦っているうちに目が覚め、夢と知ってほっとする。実際に外人の交渉家から挑発されたり侮辱されたりした記憶はないが、多分それに近い状況が幾度かあり、それがよほど応《こた》えたからこのような夢を見るのであろう。

このような状況を打開するには「決《き》め科白《ぜりふ》」が必要であるが、こればかりは知らないと言えない。短い言葉でこちらの気概や叡知が伝わる決め科白、これをいつでも頭の引き出しから出せるようにしておくことが重要である。当時覚えた決め科白のいくつかを紹介しよう。

I'm afraid we don't communicate.
「どうも、私たちの議論は噛み合っていませんね」

⁂

Don’t make me wrong.

「悪くとらないでください」

Subject to a possible objection of Mr. X, I believe……

「Xさんからもしかしたらご異議が出るかもしれませんが、私が思いますに…」

Correct me if I’m wrong, but I believe……

「もし間違っていたらご指摘願いたいのですが、私が思いますに……」

You don’t have to speak so loud. I can hear you.

「そんなに大声を出さなくても、ちゃんと聞こえていますよ」

I’m very sorry if I gave you an impression that I am offending you, which certainly is not what I intended. What I actually wanted to say is……

「失礼なことを言っている印象を与えたとすれば申し訳ありません。私にはもちろんそのような意図はありません。私が真に言わんとしたことは……」

このような科白を手短に語り(最後の文例でも一〇秒以内)、併せて自説を堂々と述べることが大切である。ちなみに、日本人の中には「プリーズ」を連発する人がいるが、これはやめた方がいい。「プリーズ」は相手の注意を換気する場合(場内アナウンスの場合など)やこちらの苛立ちを示す場合(母親が子供を叱る場合など)には効果的であるが、交渉の場面でこれを繰り返すと妙に卑屈で、悪い意味で「アジア的(Asiatic)」な印象を与える。

相手がクライアント企業や日本社会そのものを侮辱するような発言をしてきたらどうすればよいか。結論から言えば、これは交渉の主導権を奪う絶好のチャンスである。タイミングを失うことなく相手の非をしっかり咎めるべきであり、これがうまくいけばその後の交渉で相手をかなり萎縮させることができる。ただし、これを効果的に行うためには次の三点に留意が必要だ。

◉ ◉ ◉

① 事前にクライアントの了解を得ておくこと

具体的にどのような発言・行動をすべきかは後で話すが、いずれにせよその内容はかなり厳しいものとなり、最悪の場合交渉そのものが決裂するリスクを伴う。したがって、これを行うに際してはクライアントの了解を得ておくことが必要であり、事前の了解がなければ、一旦会議を中断させ、別室でクライアントに状況を説明し了解を得てから実行に及ぶべきである。

② 相手の弱点がどこにあるかを見極めてから行うこと

いかなる非難に対して相手がセンシティブに反応するか、その急所を見極めることが重要である。たとえば、問題発言をした当人が「厚顔無恥」なオーナー経営者（そういう人が世に存在することは不幸な事実である）である場合、道徳的観点から意見を述べてもほとんど無意味である。しかし、たとえば、米国の上場企業を代表して交渉に臨むビジネスマンや弁護士は「不公正さ」とか「差別」という問題に対して日本人よりもはるかに脆弱《ぜいじゃく》である（誤解のないように言っておくが、この「脆弱さ」は私が米国人を尊敬してやまない大きな理由の一つである）。しかも、彼らにはその行動を背後で評価する者（ビジネスマンなら上司、弁護士の場合はクライアント）が必ずや存在する。彼らは道徳的非難を受け流すわけにはいかないのだ。

③　オーディエンスを確保すること

マン・ツー・マンの席上で相手の非を咎めてもあまり意味がない。発言は相手のレピュテーション（評判）に影響を与えるオーディエンス（聴衆）のいる場所で行うべきである（そのような状況が作れない場合は、相手の上司にメールを送るという手法もある）。ただし、オーディエンスがあまりに多いと相手に与えるダメージが大きくなりすぎてその後の交渉に支障が生じるおそれがあるので、その点にも注意が必要である。

以上の点に留意しつつ、たとえば、次のように言う。

> ただ今のあなたの発言は看過することができません。それは我々の企業、ひいては日本社会そのものに対する侮辱です。我々はあなた方の企業と契約を結ぶことを望んでいますが、このような差別的発言をする人を相手としてこの交渉を続けるつもりはありません。

この後どういう行動をとるかは相手の出方次第であるが、もし相手が十分な謝罪をしない場合には、とりあえず交渉を打ち切る覚悟が必要である。「それでは、交渉決裂という最悪の事態となってしまうではないか。」そう思う人もいるかもしれないが、心配はない。本当に相手の言動に非があったのであれば、必ずや先方に反省の気運が高まり交渉は再開されるはずである（そうならない可能性が皆無とは言えないが）。

念のために言っておくが、このような発言はしないに越したことはないし、私自身も交渉家としてのキャリアの中で実行したのはせいぜい二、三回である。しかしながら、必要があればそれをする心の準備をしておくことは大切であり、逆に、それさえあれば、おのずから交渉家としての風格が備わり、相手に侮られる事態はそもそも生じないであろう。そうなれば、良き交渉家への道の第一段階は卒業である。

戦略的思考に裏打ちされた交渉

戦略（strategy）という概念には二つの意味がある。一つは、戦争論において「戦術（tactics）（＝個々の戦闘に勝利するための技術）」の対比概念として用いられる場合であり、この場合の戦略とは、「（個々の戦闘ではなく）最終的に戦争目的を達成するための技術」を意味する(3)。

もう一つは、ゲーム理論の用語として用いられる場合であり、この場合の戦略とは、「複数の当事者の行動の組み合わせの結果によって各自の利得が定まる状況下において各自が抱く行動計画」のことを意味する。

戦争論の戦略とゲーム理論の戦略、どちらも交渉力の向上に役立つ概念であるが、ここでは後者だけを取り上げる。なお、私がゲーム理論を詳しく勉強したのは米国留学から帰ってきてからのことであり、アソシエイト時代はこれを直感的に理解していたにすぎない。しかしながら、ここでは説明のわかりやすさを優先することとし、現在私が知っているゲーム理論の知識を前提に戦略的交渉の要諦を語ることにしたい。企業の買収契約（以下、「M＆A契約」という）の交渉を例に用いる。

まず、一般論として次のことを仮定する。

① 交渉の結果次第でM＆A契約の内容は変わるが、想定される交渉結果について各当

事者は好ましいものから好ましくないものへの順序付けができること。

② 各当事者は交渉結果の好ましさを順序付けられるだけでなく、各結果を数量的に比較できること。たとえば、「Aという交渉結果はBという交渉結果の○倍よい」と評価できること。このようにして数量化された交渉結果の選好順序を以下「効用」と呼ぶ(4)。

◉ ◉ ◉

さらに、M&A契約のように高度の経済合理性を追求した取引の場合には、取引がもたらす効用を常に金銭価値に換算して考えることができる。すなわち、売主の効用の中核は買主から支払われる買取価格から買収の対象企業の収益の割引現在価値を差し引いた値であり、買主の効用の中核は対象企業が買主にもたらす新たな収益（「シナジー効果」が生み出す収益を含む）の割引現在価値から買取価格を差し引いた値である。ただし、買取価格以外の契約内容によって売主・買主それぞれの効用はさらに変化する。たとえば、「ある部門の従業員を取引の実行前に三〇パーセント減らす」という売主の約束を売主はマイナス△億円、買主はプラス○億円の効用と評価し、同様に、対象企業の所有地に土壌汚染がないことの保証・表明（一三八頁参照）を与えることの効用を売主はマイナス△億円、買主はプラス○億円（いずれについても△と○は通常一致しない(5)）と評価する。**図1**は、M&A契約

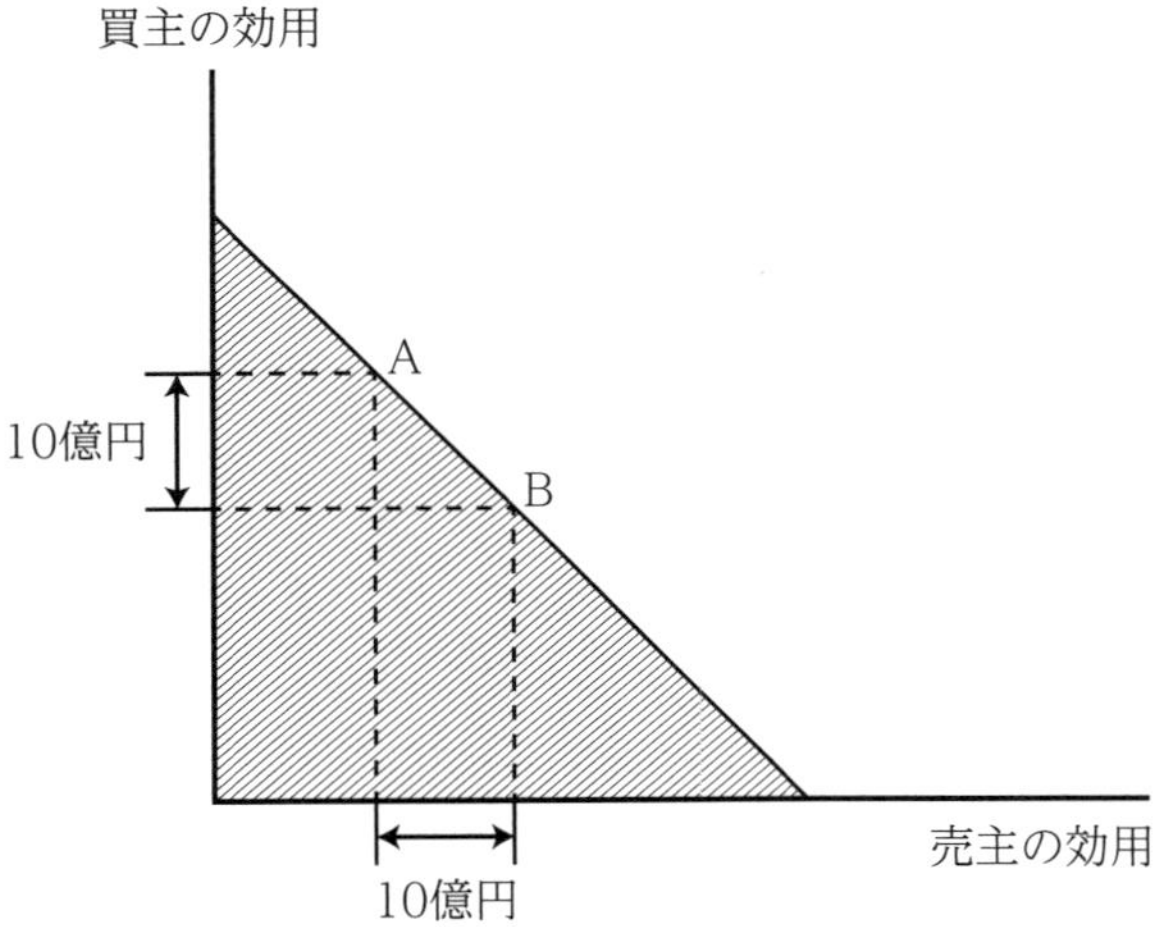
買主の効用
A
B
10億円
10億円
売主の効用

図1

の想定される交渉結果を売主と買主それぞれの効用の組み合わせの点（以下、これを「妥結点」という）として平面座標の上に表したものである。

図1の原点は交渉が決裂した場合（正確に言うと、交渉が決裂し、かつ、各当事者がこの交渉に代わる他の代替手段を追求しない場合）の各当事者の効用を表している。**図1**で斜線を付した三角形は実現可能な妥結点の範囲を表している。境界線がマイナス四五度の直線となっているのは、ある妥結点に対応する契約内容のうちで買取価格（正確に言えば、「その現在価値」）だけを変えれば各当事者の効用は絶対値が等しくプラス・マイナスが逆の値だけ変化するからである。たとえば、**図1**の点Aを妥結点とする契約内容に関して買取価格だけを一〇億円上げれば、売主の効用は一〇億円上がり、買主の効用は一〇億円下がるので妥結点はA点からB点へ移動する。

しかしながら、最終的な妥結点は**図1**の三角形の中のどの点もとりうるというわけではない。そこには二つの制約要因がある。

その一つは、ＢＡＴＮＡがもたらす制約である。ここで、ＢＡＴＮＡとは「交渉の妥結以外の最善の代替措置（Best Alternative to Negotiated Agreement）」の頭文字を集めた言葉である。たとえば、**図1**の売主にとって、このＭ＆Ａ契約が成立しない場合のＢＡＴＮＡ

は対象となっている企業を投資ファンドに売却することであり、これが売主にもたらす効用は一〇億円であるとしよう。この場合、売主は図1の交渉がもたらす効用が一〇億円以下であればこの交渉を妥結させるよりもBATNAを追求した方が得である。同様に、買主のBATNAは対象企業と同一の事業を新規に始めることだとしよう。この新規事業の収益の割引現在価値から起業に必要な投資額を差し引いた値が二〇億円だとすれば、買主はこのM&A契約の効用が二〇億円を上回らない限りこの契約を結ぶよりBATNAを追求した方が有利である。

このように、BATNAがもたらす効用の値（以下、これを「レザーベーション・ポイント」、略して「RP」と呼ぶことにする）には交渉の妥結点を制約する働きがあり、この点を図1に反映させたものが図2である。

ご覧のとおり各当事者のRPの存在によって交渉が成立する余地は狭まり、三角形OABの中の点だけが現実に成立可能な妥結点となっている。

妥結点に関するもう一つの制約は妥結点の効率性に関するものである。

たとえば、現在の交渉が図2の線分A'B'上で行われているとしよう（現在の状況が傾き四五度の線分で表されているのは買収対価がまだ未確定な状況を想定しているからである）。

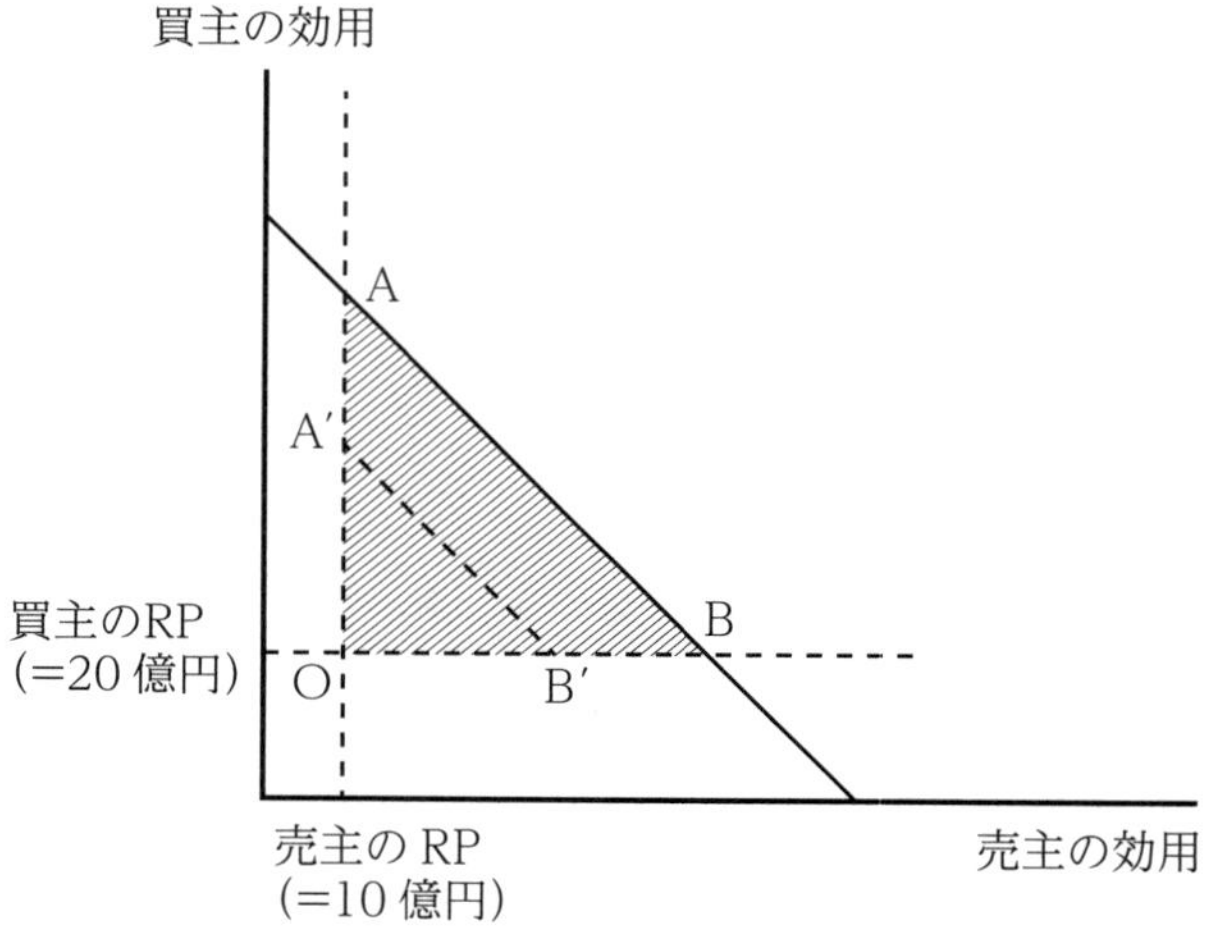
買主の効用
A
A′
買主のRP
(=20 億円)
O
B
B′
売主の RP
(=10 億円)
売主の効用

図2

この場合、最終的な妥結点が線分A'B'上のどこになろうともこの結果は「非効率」である。なぜならば、そのような妥結点に関しては両当事者の効用をいずれも改善する別の妥結点が線分A'B'の右上に存在するからである。図から明らかなように、このような意味での改善可能性がない（経済学的に言えば「パレート最適な」）妥結点は線分ＡＢの上にしか存在せず、したがって、良き交渉家は、常に線分ＡＢ（以下、これを「効率的な交渉ライン」と呼ぶことにする）上の妥結点を目指すべきである。

ちなみに、以上のことは抽象的に記す限りではあたりまえのことのように聞こえるかもしれないが、現実にこれを実行することは簡単ではない。なぜならば、何が効率的な交渉ラインであるかは自明ではなく、これを発見することがコーポレート・ロイヤーの腕の見せ所となるからである（一般的に言えば、効率的な交渉ラインは税務分析や当事者間の協調的な交渉を通じて発見される(6)）。

では、最終的な妥結点は線分ＡＢ上のどこになるのか。この問題に関してゲーム理論がもたらした最大の貢献は「ナッシュ交渉解」の発見である。**図3**をご覧願いたい。

ナッシュ交渉解Ｐとは線分ＡＢ上の点であって四辺形ＰＱＯＲの面積を最大にするもののことである。

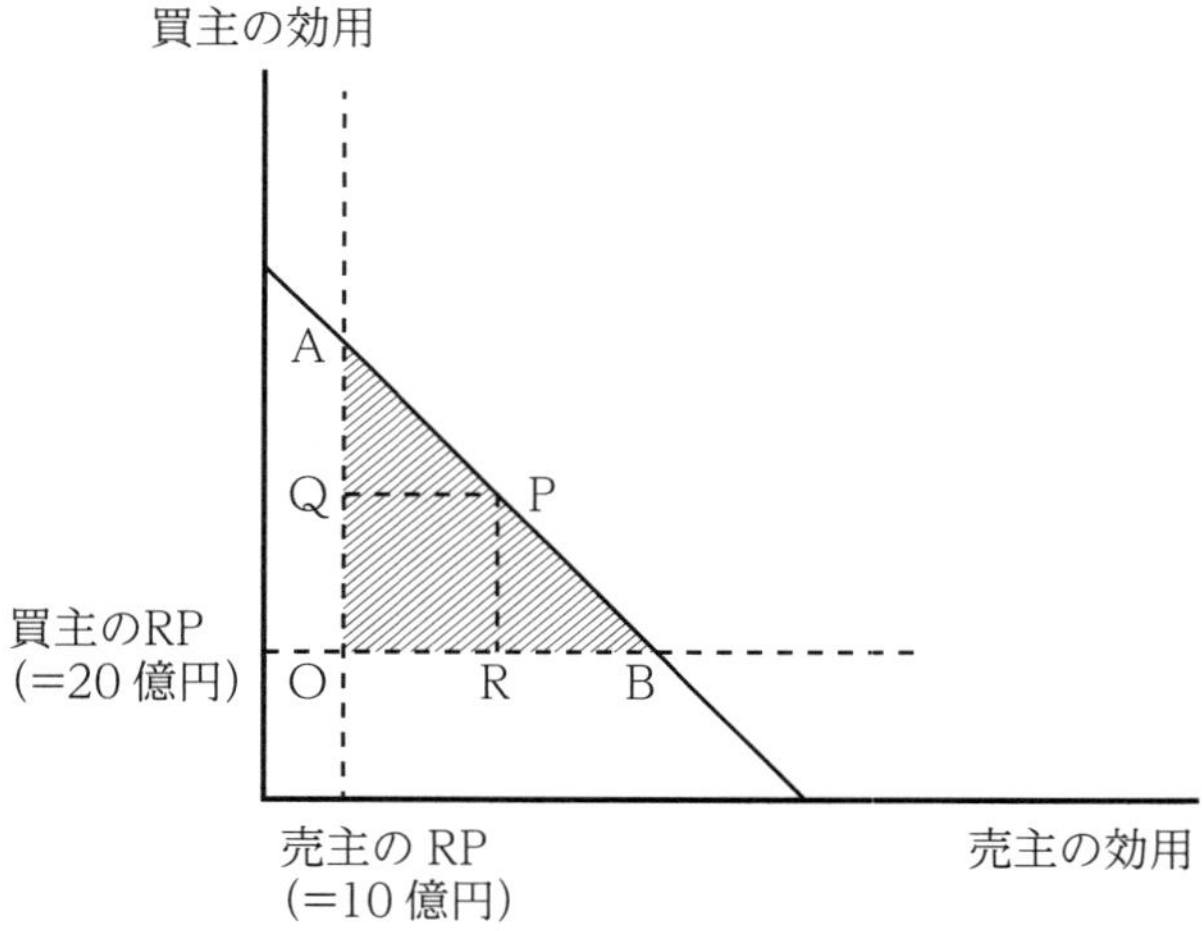

図3

当事者の行動パターンに関して一定の合理的仮定を設けることにより最終的な妥結点がナッシュ交渉解となることは証明できる。証明は省略するが[7]、効率的な交渉ラインが**図3**のように直線の場合のナッシュ交渉解は点A、Bの中点となることに思い至れば[8]、この結論は直感的にも納得しやすいのではなかろうか。したがって、たとえば売主にRPと等しい効用をもたらす買収価格が一〇〇億円で、買主にRPと等しい効用をもたらす買取価格が二〇〇億円だとすれば、ナッシュ交渉解は両者を足して二で割った一五〇億円を買取価格とすることによって成立する（買取価格以外の契約内容はすべて合意済と仮定する）。

ナッシュ交渉解は戦略的交渉を志す者にいくつかの示唆を与えてくれる。

第一に、効率的な交渉ラインを改善する知恵はそれが一見相手の利益にしかならない場合であっても必ずや双方の利益となることがわかる。**図4**をご覧いただきたい。

ここでは自分は売主であり相手は買主であるとしよう。そのうえで、相手の税負担が一〇億円軽くなる新しい取引のスキームを思いついたと考えてほしい（このスキームを採用しても自分の効用は変化しないものとする）。このアイディアを実施すると効用的な交渉ラインABは上に向かって一〇億円分平行移動し、**図4**のA′B′となるであろう。この結果は一見相手の利益にしかならないように見えるが実は違う。なぜならば、効率的交渉ラインがA

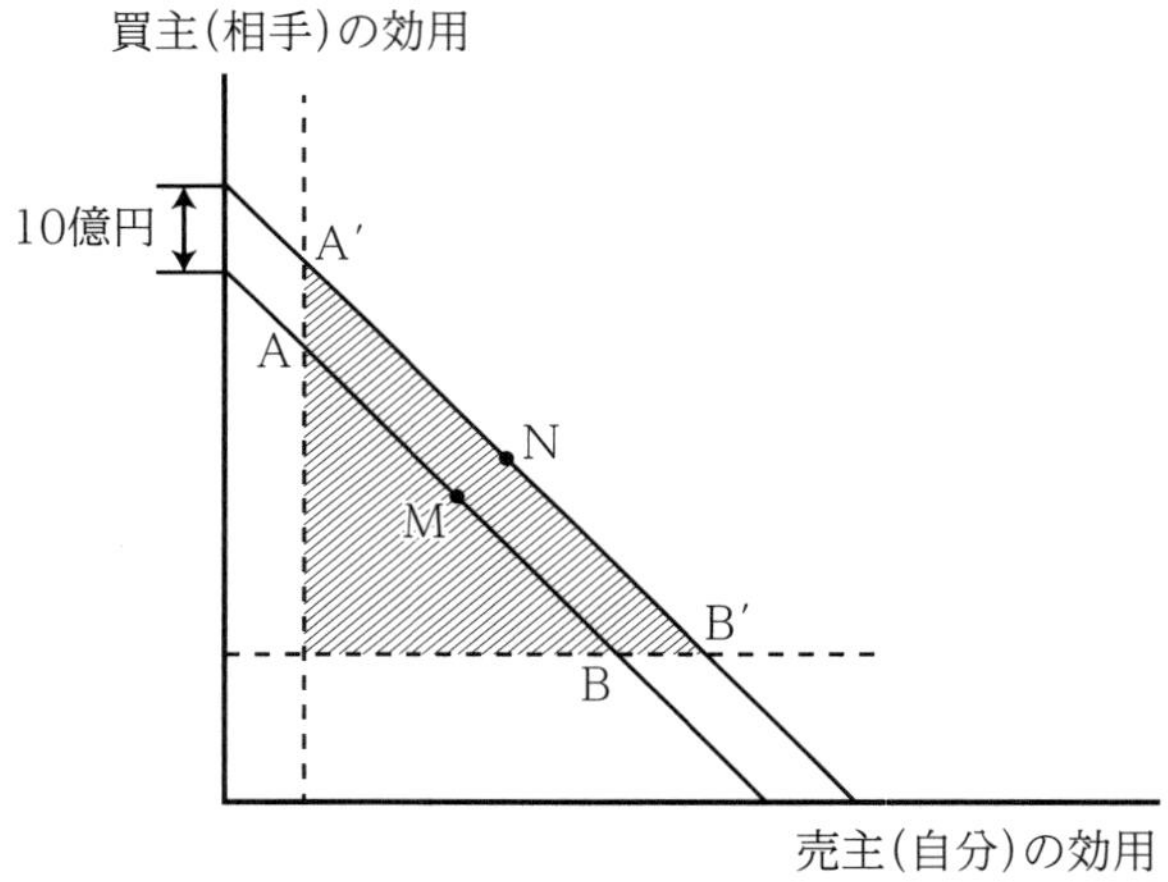
買主(相手)の効用
10億円
A′
A
N
M
B′
B
売主(自分)の効用

図4

Bから A′B′に変化したことによりナッシュ交渉解も（ABの中点である）Mから（A′B′の中点である）Nに変化し、売主・買主双方の効用が増加するからだ。したがって、交渉の当事者は直接の受益者が自分であるか相手であるかにかかわらずに効率的な交渉ラインを改善する知恵を絞るべきである。

ナッシュ交渉解が示唆するもう一つのポイントは、「自分と相手のいずれかまたは双方のBATNAを変化させれば最終的な妥結点が変わる」ということである。**図5**および**図6**をご覧いただきたい。

図5では自分（売主）のRPの値が増大したことによりナッシュ交渉解は（ABの中点である）Mから（A′Bの中点である）Nに移動し、その分自分の効用が増えている。**図6**では相手（買主）のRPの値が低下したことによりナッシュ交渉解は（ABの中点である）Mから（AB′の中点である）Nに移動し、その分自分の効用が増えている。

つまり、社会的に許容される方法によって自分や相手のBATNAを変化させ自分のRPを増やすか相手のRPを減らすことができれば、より有利な妥結点を実現できるというわけだ。

M&A契約の交渉でこのことをよく表している慣行に売主が実施するオークションがあ

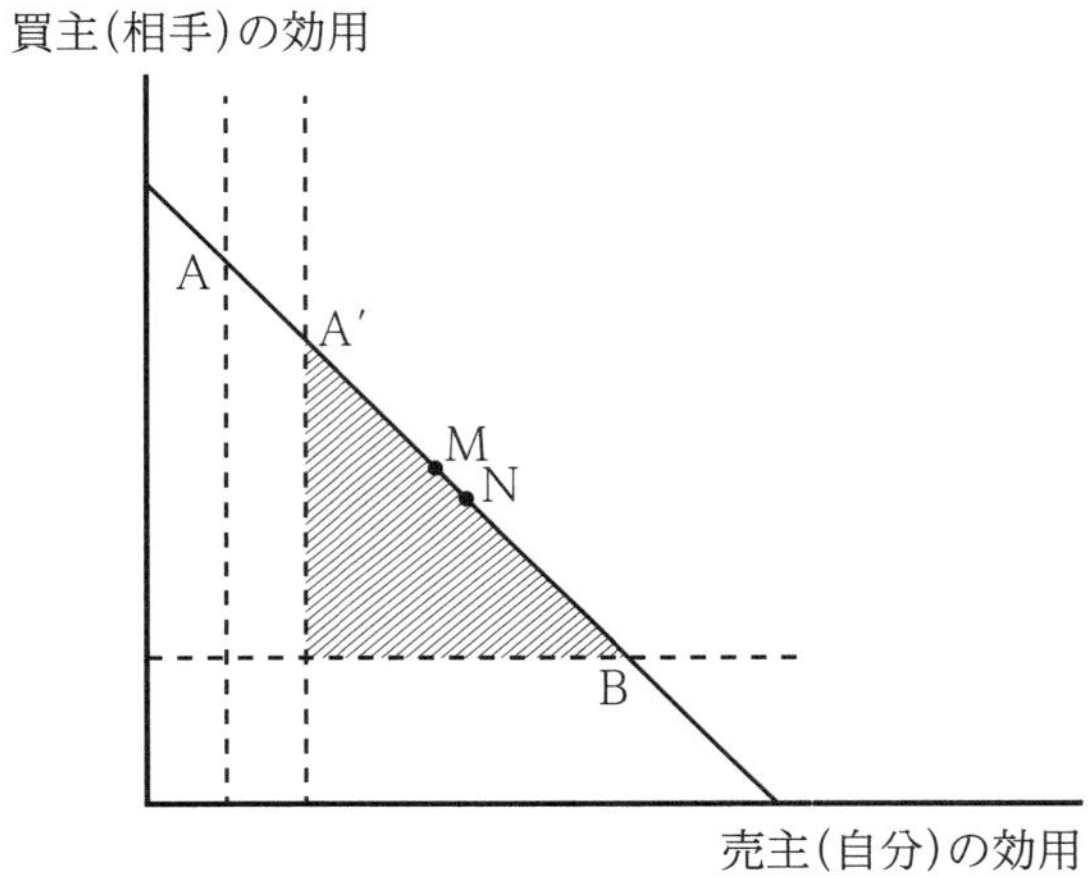
買主(相手)の効用
A
A′
M
N
B
売主(自分)の効用

図5

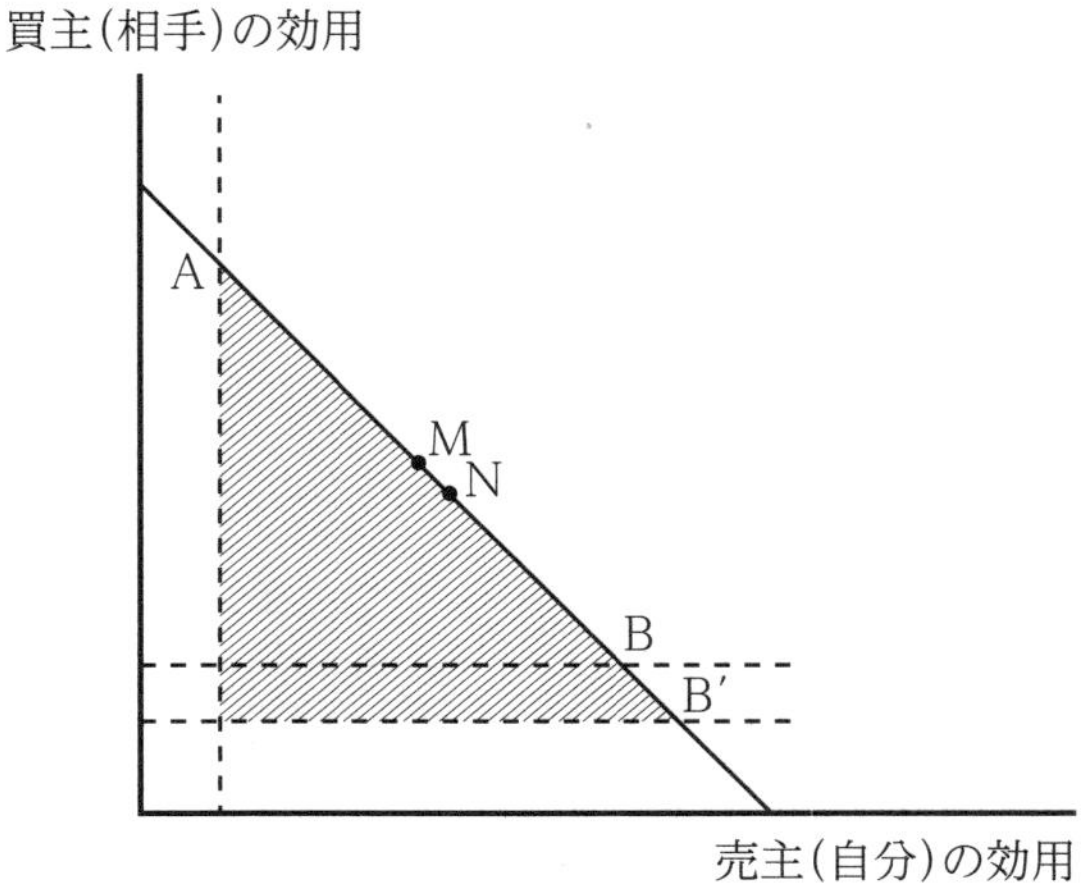
買主(相手)の効用
A
M
N
B
B′
売主(自分)の効用

図6

る。売主の代表者の中には「最終的買主が○社になることはわかっているのだからオークションの実施に費用をかけるだけ無駄ではないか」と思う人もいるかもしれないが、そうではない。有力な買手候補者を複数確保することでBATNAが改善し、結果として有利な妥結点を導くことができるのである。

いかにしてBATNAを変化させるか。この問題はしばしばコーポレート・ロイヤーの腕の見せどころとなる。私がアソシエイト時代に経験したエピソードを二つご紹介しよう。

エピソードその①

一九八X年、我々は我が国大手石油会社（以下、「A社」という）からの依頼案件を検討していた。問題はA社が中東のある原油採掘会社（以下、「B社」という）と結んでいる継続的な原油購入契約にあった。この契約では毎年の原油購入量のレンジ（つまり、上限と下限）が定められており、購入価格はある産油国（以下、「C国」という）が適宜発表する原油の公示価格に連動することになっていた。ところが、C国政府は突如原油公示価格を従来の価格の数倍に引き上げた。これによってA社は従来よりもはるかに高い価格でB社から原油を買い続けなければならなくなり、このような購入を続けていては企業の存続すらも危ぶまれる事態となった。そこで、A社はB社と契約の改訂交渉を開始し、西村事務所をそのための法律顧問に起用したのである。

我々は次のように分析した。

① 現状のままで契約の改訂を求めたとしても、B社は若干の価格改訂に応じるだろう。なぜならば、もしB社が一切の値引きに応じなければ、A社は会社更生を申し立てるしかなく、会社更生が始まれば更生管財人は本件契約を一方的に解除できるからである（会社更生法六一条）。つまりA社のBATNAは会社更生の申立であり、これが本件交渉におけるA社のRPを決定づけている。

② しかしながら、会社更生の申立がBATNAである限り価格改訂はわずかしか達成できないであろう。状況を抜本的に改善するにはもっと強力なBATNAを作り上げる必要がある。

③ おそらく最善の対応は、「事情変更の原則」を理由として現時点で契約を一方的に解除することであろう。その場合には契約の規定によりロンドンでの仲裁が開始されるが、仲裁判断において解除が認められる可能性は十分あり、この可能性がある以上仲

裁を進めながら契約の改訂交渉をすればより大きな成果が得られるのではないか(9)。

つまり、我々は、「事情変更の原則に基づく解除→ロンドンでの仲裁」という新たなBATNAを作ることによりA社のバーゲニング・パワーを高めることを提言したわけである。A社はこの提言を実行し、結果として十分な利益を確保できるレベルまで原油の買付価格を引き下げることができた。

エピソードその②

一九八Y年、日本の企業（以下、「D社」という）は米国の大手ライバル企業（以下、「E社」という）から巨額の損害賠償請求を受けていた。D社がE社の企業秘密を盗んだというのがE社の主張であり、残念ながらE社の主張を裏付ける事実も若干ながら存在していた。したがってD社としてはある程度の賠償金をE社に支払う意思はあったのだが、E社の要求する支払額は天文学的な数字であり、この要求を受け入れるつもりはなかった。交渉は長引き、遂にE社は米国の裁判所に提訴した。D社の不法行為の一部が米国でなされていたことから裁判管轄を主張する根拠は十分にあり、懲罰賠償や陪審員制など米国特有の制度を考慮するとE社が求めているレベルの支払いを命じる判決が下される可能性が高かった。

この状況を踏まえて、我々は米国の裁判がBATNAである限りD・E両社間の和解交渉は著しくD社に不利なものとならざるをえないと考えた。そこで我々は、日本においてD社がE社を相手取り債務の一部不存在確認の訴え（＝債務が一定の金額を超えては存在しないことの確認を求める訴え）を提起すること（以下、これを「逆提訴」と呼ぶ）を提言した。この裁判はD社がE社に支払うべき損害額を特定する効果を有するが、我が国の訴訟制度の下で認定される損害額は米国でのそれとは桁違いに低いことが予想される。そして、我が国の判例上日本の裁判が確定すれば、その裁判で決定された損害額を上回る支払いを命じた米国の判決は日本で執行できない。したがって、たとえE社が米国で多額の支払いを命じる判決を勝ち取ってもそれによってなしうる金銭の回収はD社が米国に有している財産の限度でしか行えない。もちろん、これによって米国の事業展開に制約を受けることはD社にとって痛手ではあるが、少なくともこの逆提訴により、D社のRPはかなり改善されることになるであろう。

D社は我々の提言のとおり日本での逆提訴に踏み切った。D・E両社間の和解交渉はその後しばらく続いたが、結果的にはD社にとっても受諾可能な金額で決着を見た。

❁ ❁ ❁

誠実で格調の高い交渉

以上のとおり、交渉の妥結点を有利なものにする鍵は、効率的な交渉ラインの発見と（社会慣行上許容される範囲内での）ＢＡＴＮＡの変革にある。では、この二つによって定まるナッシュ交渉解よりもさらに有利な妥結点を実現する手法は存在しないのだろうか。

結論から言おう。そのような方法がないわけではないが、それを実行することはお薦めしない。以下、その理由を説明する。

ナッシュ交渉解よりも有利な妥結点を導く代表的な手法はセルフ・コミットと呼ばれるものである。**図7**をご覧いただきたい。

この図は、ナッシュ交渉解（Ｍ）よりも売手にとって有利なＮで交渉が妥結することを示唆している。その理由は売主が自分の効用がＮ点の値未満である限りこの契約を結ばないよう自己拘束（セルフ・コミット）し、かつ、その事実を相手（買主）に信じ込ませることに成功したからである。セルフ・コミットの仕方はたとえば次の方法によって達成できる。Ｎ点の効用を実現する対象企業の売値は一八〇億円であると仮定しよう。

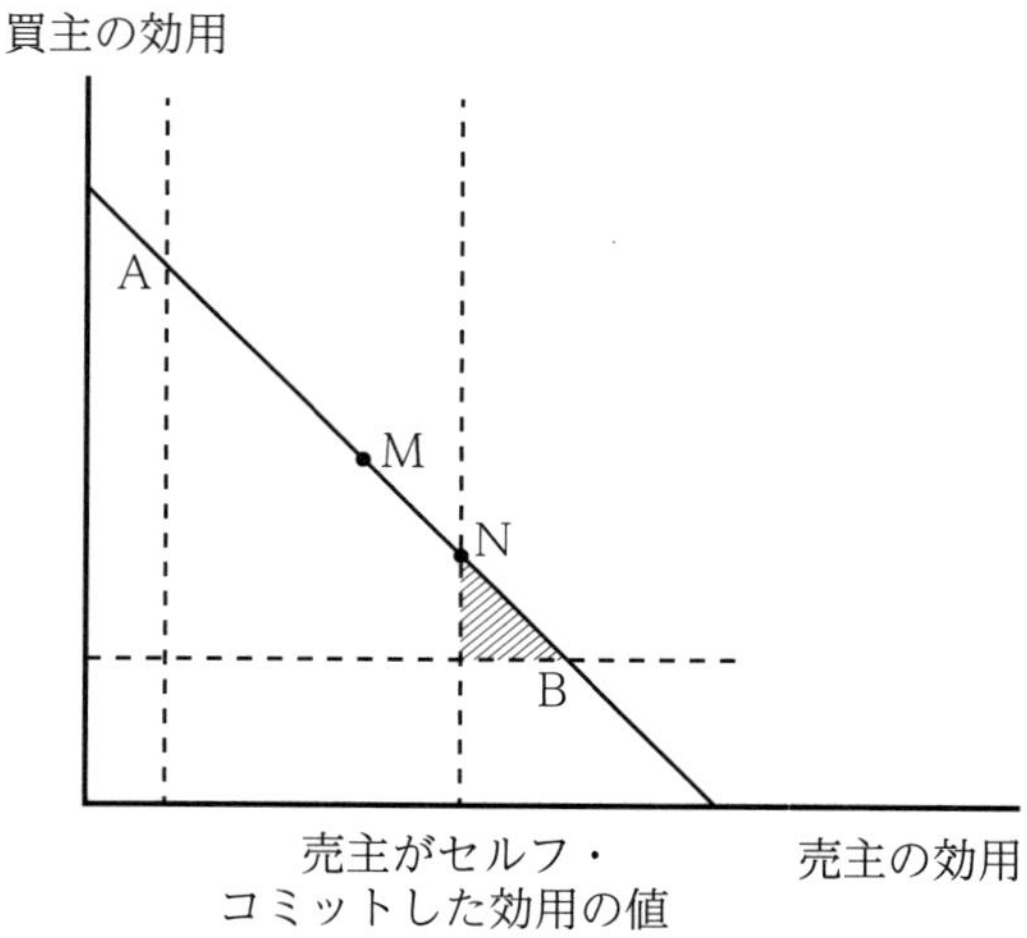

図7

① 売主（企業ではなく個人であると仮定する）が代理人への委任状の中に対象企業を売却してもよい最低価格を一八〇億円と明記する。

② 売主はヒマラヤ登山に出かけてしまい今後三カ月は交信がとれないが、何らかの理由により、このM&A取引は今後三カ月以内に実施しなければ意味のないものとなってしまう。

右の各事情が真実であることを買主が確信しているとすれば、買主はN点を妥結点として契約を結ぶしかない。買主としては不満であろうが、それでもこの交渉を破棄してBATNAを追求するよりは売主の要求を丸呑みする方が得である。

以上のとおり、セルフ・コミットはたしかに効果的な交渉手段である。しかしながら、私は決してこれを実施したいとは思わないし、後輩の法律家にもお薦めしない。その理由は以下のとおりである。

第一に、セルフ・コミットは「身勝手な」交渉手段である。なぜならば、当事者双方がセルフ・コミットを実施すれば交渉決裂という双方にとって最悪の事態となることは必定だからだ。つまり、セルフ・コミットをする人というのは、相手は決してそういうことはしないことを見越して――言い換えれば、相手が「まともな人間」であることに付け込んで——行動している。

第二に、たしかにセルフ・コミットした者は短期的には交渉の勝者である。しかし、長期的にはどうであろうか。特に、コーポレート・ロイヤーの場合は長い職業人生の中で繰り返し交渉を行わなければならない。そのような立場にある者が一度セルフ・コミットを行えば、その後は「そういうことをする人」という評判を背負って仕事をしていかなければならない。そのことのダメージの方が短期的な利益よりもはるかに大きいであろう。

強引に交渉結果を有利に導く方法はセルフ・コミット以外にもいくつかある。詳しい説明は省略するが、ギャンブルをするように交渉を弄《もてあそ》んだり、あるいは交渉決裂時の双方のダメージを引き上げたり（この手法は「瀬戸際外交」と呼ばれている）すれば、交渉の成果はやはり大きなものとなる（章末の注⑽参照）。しかし、セルフ・コミットの場合と同様、その御利益《ごりやく》は短期的なものであり、これらの手法を用いた者は、必ずや交渉家としての評判を落とし、その職業的人生を危ういものとするであろう。

＊　＊　＊

以上を要するに、交渉の見かけ上の勝敗は必ずしも交渉家の能力や叡知で決まるものではない。より身勝手で、より理不尽な者がしばしば最大の受益者となるということは、残念ながら、交渉という世界の否定し難い真理である。しかしながら、そのような交渉を行う者は必ずやその報いを受ける。なぜならば、国際企業社会で働くほとんどすべての者は自分の仕事に誇りを求めており、そうである以上交渉家同士の世界においても、相互に信頼し尊敬し合える関係を作り出すことを願っているはずだからだ。

してみれば、交渉家にとって交渉の「勝ち負け」にこだわることは愚かであり、それよりも、「誠実な交渉家であった」と関係者に評価されることの方がはるかに大事であろう。相手の言うことを真摯に聞くこと、相手が思い違いをしている場合は損得勘定抜きに直ちにその点を指摘してあげること、自分の主張が合理的であるか否かを批判的によく吟味すること、相手の主張が合理的だと思えばそれを受け入れるべくクライアントの説得に努力すること、このような営みが十分できる者だけが一流の交渉家と言えるのではないだろうか。

誠実な交渉を行えるようになった者は、さらに一歩進めて、格調高い交渉を目指すべきである。何をもって「格調高い交渉」というのか。その定義は人によって異なるであろうが、私は、「歴史の形成に参画している意識」を交渉の相手方と共有できるか否かが鍵であると考えている。少し大袈裟に聞こえるかもしれないが、歴史は国家の指導者のみによって作られるものではない。一見些細な企業間の契約であっても、より豊かで、より公平で、より自由で、より平和な社会を作り上げていく歴史のワン・ステップとして把えることができる。そして、そのような意識を交渉の相手方と共有できれば、おのずから交渉は誠実なものとなるに違いない。

◉
◉
◉

どうしたら交渉を格調の高いものにすることができるのか、その方法は千差万別であろう。お互いの企業や業界の歴史を語り合ってもいいし、主題となっている契約が実現した暁《あかつき》の夢を語ってもいいだろう。そんな中にあって、私が若かりし頃によく用いた方法は、世界史（日本の企業同士の交渉であれば「日本史」でもよい）の出来事を引き合いに出すことであった。いささかペダンティック（衒学的《げんがく》）ではあったが、当時の私には高校以来習得した知識に頼るしか道はなかったのである。私がよく引き合いに出した歴史上の出来事には、第二次ポエニ戦争でカルタゴの勇将ハンニバルが多用したとされる「自らの退路を断つ戦法」（セルフ・コミット的な言動を窘《たしな》めるのに有効である）、プロシア・オーストリア戦争においてウィーン占領を回避したビスマルクの叡知（相手を追いやらないことの利を諭《さと》すのに有効である）、一九三八年のミュンヘン会談でイギリス首相チェンバレンが用いた宥和政策（一つの譲歩がより大きな災いをもたらす危険を示唆するのに有効である）などがあるが、このような話をするためには事前の勉強が欠かせない。平素から歴史を英語で学び、故事をタイムリーに語れるように準備しておくことが大切である。

突然のブラジル出張

アソシエイト五年目の秋、西村先生が私の部屋にいらっしゃり、こう仰った。

西村先生　草野君、急な話で悪いんだけど、明後日から一週間ブラジルに出張してもらえないだろうか。○○弁護士が担当してきたシンジケート・ローンのリスケ（「リ・スケジュール」、すなわち「弁済期の延長を含む契約条件の改定」の略語）の件なんだけど、彼は昨日アキレス腱を切ってしまい（秘書の人たちとテニスをして無理したらしい！）現地に行けなくなってしまったんだ。

私は狼狽した。いくら何でもこれは私には荷が重すぎる話ではないだろうか。それまでこんなに大きな契約交渉を任されたことはなかったし、そもそもシンジケート・ローンの契約書など読んだことがない。しかもブラジルなどという遠い所に行って、英語が通じなかったり、例の吐き気（胃下垂はまだ治っていなかった）が襲ってきたらどうしよう。そう思ったが、見栄っ張りな私は内心の動揺を隠し、「はい、いいですよ」と即答してしまった。

西村先生はこう続けた。

西村先生　ありがとう。これは本来ファイナンス・ロイヤーが担当すべき案件だけど、今回は先方との交渉がメイン・テーマなので君が適任だと思うんだ。と言うか、「君しかできない」と思っているから頑張ってほしい。ただし、言っておくけど、南米は恐《こわ》いところだよ（そう言って西村先生は表情を和らげた）。僕もかつて石油公団の仕事でベネズエラに行ったことがあるけど、その時にはカルボ条項（契約の準拠法を自国法とし、紛争の管轄裁判所を自国の裁判所とし、外交ルートを通じた契約の履行請求を放棄することを外国企業との契約に盛り込むことを義務付けた法令上の要請）の適用回避が問題となった。結局ベネズエラの立法府に働きかけて法の適用除外を認める特別措置法を成立させて契約の調印に漕ぎつけた。そこまではよかったんだけど、そのことが国民に知れ渡り「国辱的な契約だ」ということで暴動が起きてしまったんだ。僕の泊まっていたホテルにもデモ隊がやってきたので、僕は這々《ほうほう》の体《てい》でホテルの裏口から脱出し、そのまま空港に直行して何とか日本に帰りついたというわけだ。今回の件ではまさかそういう事態にはならないと思うけどね（笑）。

私は観念した。ただでさえ不安だらけの出張にそんな危険も伴うとすれば、これはもう神が私に課した試練としか思えない。全力で取り組もう。

そう決めた私は翌日一日をシンジケート・ローンの俄《にわ》か勉強にあて、その次の日の朝ブラジル行きの飛行機に乗った。

今回の案件は、ブラジルの半官半民企業（以下、「B社」という）が数年前に行った借款（シンジケート・ローン）の返済が困難となり、これに対応すべく（弁済期の延長と利率の引き上げを含む）契約改定を行おうというものである。シンジケート・ローンであるから世界各国の銀行が貸し手グループに名を連ねていたが、幹事銀行は日本の銀行であり（以下、これを「D銀行」という）、私はD銀行の担当者と二人で現地に赴き、B社およびその制限的保証人であるブラジル政府と契約の改定交渉を行う予定である。

ロスとリマを経由し約二七時間かけてブラジルの首都ブラジリアに到着、ここでブラジル政府と二日間交渉し、その後空路リオ・デ・ジャネイロに移動してさらに三日間B社と交渉を行う手筈であった。

◉
◉
◉

往路の飛行機で私は契約書のドラフトを繰り返し読んでいたが、その間《かん》さまざまな不安が心を掠めた。なかでも最大の不安は「もし眠れなかったらどうしよう」というものであった。私は時差の調整が苦手である。それまでにも何回か海外出張に出かけたが、いつも時差の調整に失敗し、現地で体調不良になっていた。それでも、それまではいつも先輩弁護士が一緒にいてくれたので何とかなったが、今回は私一人である。しかも、D銀行の担当者からは早々と「私は英語が苦手ですので、交渉はすべて先生にお任せします」と宣言されてしまった。これはまずいことになった。そんな気持ちで一杯であった。

しかし、「眠れないかも」という不安は結果的に無意味なものとなった。なぜならば、現地に滞在した五日間、私にはベッドに入って眠る時間はほとんどなかったからである。日中の時間はすべてブラジル政府やB社との交渉に費やされた。先方はポルトガル語で話しそれを通訳が英語に訳し、これに私が英語で答え、再び通訳がこれをポルトガル語に戻すという手順で交渉をしたため恐ろしく時間がかかった。この時の私には交渉に格調の高さを求める余裕などまったくなかったが、それまでに培《つちか》った交渉家としての力を発揮すべく慎重かつ誠実に交渉を進めた。

夜は貸し手グループの銀行各社の了解を取り付けるべく世界各国に連絡を取り、さらに契約の修正ドラフトを手書きで作成し、これを日本の西村事務所で待機している私の秘書にファックスで送信し（当時のファックス送信は多大な時間を要した）、タイプされたドラフトを再びファックスで受信し、これを読み直してさらに手を加える。このような作業を続けているうちに夜は白々と明けてゆき、再び先方との交渉が始まる。

このようにして五日間が過ぎた。しかしながら、体調はまったく悪くならず、むしろ日を追うごとに元気になっていった。私は、定塚先生から「楽しく仕事をしていれば体力は無限に湧いてくる」と言われたことを思いだした（一二七頁参照）。今回の仕事は決して「楽しい」ものではなかったが、「使命感」は十分にあり、それが元気の源《みなもと》となってくれたようだ。

交渉最終日、すべての条項がまとまった。関係者は皆満足げな面持《おもも》ちであり、当然のことながら、暴動が起きる気配など微塵もなかった。空港に向かう途中、飛行機が出るまでにまだ時間があったので、私はＤ銀行の担当者にお願いしてイパネマ海岸に寄ってもらった。

イパネマ海岸から見る紺碧の海と空は限りなく美しかった。遠くの山の頂にはコルコバードのキリスト像が屹立《きつりつ》し、白いセスナ機が山並みを掠めるように飛んでいる。

私は、よき交渉家となるためのマイルストーン（道標）を一つ越えた気がした。

⁂

留学に向けて

当時の西村事務所ではアソシエイトとして丸五年働いてから留学するのが慣例であった。そこで、私も五年目の冬には留学準備を開始した。

先輩たちの話によるとアメリカのロースクールの留学選考に合格するためには大学の先生の推薦状と「人脈」、つまり人と人との個人的な繋がりが重要らしい。私はこの点で非常に不安であった。なぜならば、母校である東大に推薦状をお願いできる先生は一人もおらず（私が取った唯一のゼミは藤木英雄教授の刑法ゼミであったが、藤木先生は数年前に他界されていた）、米国のロースクールと私を結び付ける人脈も（西村先生の母校であるコロンビア大学を除いては）皆無だったからである。ただし、多くのロースクールは入学願書にエッセイ

（小論文）の同封を認めていた。インパクトのあるエッセイを書いて同封すれば合否の判定によい効果をもたらすのではないか。そう期待した私は、「法の命《いのち》は経験か論理か」というテーマの小論文を書き、これを各ロースクールへの願書に添付した。

このエッセイと定塚先生に書いてもらった推薦状（一一七頁参照）が効を奏したのか、結果的には願書を出したすべての大学から合格通知が届き、私は第一志望であったハーバードに留学することにした。

留学のために日本を去る日が近づいてきたある日、西村先生が私の部屋にいらした。

西村先生　草野君、グッド・ニュースだよ。今日のパートナー会議で満場一致の決議により君をパートナーとすることが決まった。少し早い昇進だけど、留学する君への僕たちからの餞《はなむけ》として受け入れてもらいたい。

頭の中では、なぜか「北ウイング」のメロディーが鳴り響いていた。

◉ ◉ ◉

(1) 現在の大手法律事務所は昔に比べて大幅に職域が拡大している。たとえば、現在の西村あさひには伝統的なコーポレート部門とファイナンス部門のほかに、訴訟部門、事業再生部門、危機管理部門、通商・競争法部門、知財部門、租税部門、外国法プラクティス部門（中国、ベトナム、シンガポールなど）等がある。

(2) 大手法律事務所の職域拡大に伴い、コーポレートの仕事も多岐に分かれてきた。西村あさひにおいても、国際交渉はあまり扱わないがコーポレート・ロイヤーとして著名なパートナーの数が増えている。

(3) 戦略と戦術の違いを最初に論じたのはナポレオン一世だと言われているが、我が国ではクラウゼヴィッツの『戦争論』の翻訳（最初の訳者は森鴎外である）を通じて広く知られるようになったのではあるまいか。

(4) この効用概念を専門家は「フォン・ノイマン＝モルゲンシュテルン効用」と呼んで（序数性しか認めない）一般の効用概念と区別している。

(5) △と○が一致しない主たる理由は売主・買主間における情報の非対称性に求められる。

(6) たとえば、取引のストラクチャーを改めることにより売主の税負担が三〇億円軽減されることがわかれば、効率的な交渉ラインは右に三〇億円分平行移動する。あるいは、土壌汚染に関する保証表明は売主に対してマイナス一〇億円の効用をもたらし買主に対してはプラス二〇億円の効用をもたらすとしよう（両者の絶対値に違いがあることについては前掲注(5)参照）。この場合、この保証・表明を契約に追加して買取価格を一五億円引き上げれば、各当事者の効用はいずれも五億円増加するので効率的な交渉ラインは右斜め上に約七（$\fallingdotseq 5\times\sqrt{2}$）億円分移動する。

(7) ナッシュ交渉解の証明については岡田章『ゲーム理論〔新版〕』有斐閣（二〇一一）二九二頁以下参照。

(8) 図3のOを原点としAのy座標をa、Bのx座標をbとすれば、線分ABは

$$y=-\frac{a}{b}x+a \quad （ただし、0\leqq x\leqq b）$$

と表せるので四辺形PQORの面積Sは、

$$S=xy$$
$$=-\frac{a}{b}x^2+ax$$

というxの二次関数となる。この式を変形すれば、

$$S=-\frac{a}{b}\left(x-\frac{b}{2}\right)^2+\frac{ab}{4}$$

となるので、Sは、

$$x=\frac{b}{2}$$

において、すなわちPが線分ABの中点となる時に最大値をとる。

(9) 仲裁の結果は不確実であるから、この場合のRPは期待値として表すしかない。しかしながら、仲裁で敗訴した場合には会社更生の申立をすればよいのだからRPが格段に改善することは間違いないであろう。

(10) 交渉を規定するゲーム状況は理念的には当事者企業の株主価値の変動によって定まるべきものであるが、現実的には交渉代理人個人の効用の変動によって影響を受ける。その場合、リスク愛好的な交渉家がリスク中立的ないしはリスク回避的な交渉家と交渉すると両者間のナッシュ交渉解は前者に有利な位置に変移することが知られている。前掲注(7)『ゲーム理論〔新版〕』三一七頁参照。一方、瀬戸際外交は交渉当事者双方のRPを引き下げる働きをするが、その影響は「失うものが多い」当事者においてより甚大である。したがってナッシュ交渉解はそちらの当事者に不利益な位置に移動する。

第九章

米国留学時代（その①）
——法と経済学を知る

◉
◉
◉

ハーバード・ロースクールに入学する

ハーバード大学の主要校舎はボストン近郊の町ケンブリッジに集中している。校舎の多くは蔦《つた》（ivy）のからまる白亜の外壁を備えており、それが街全体に学園都市ならではの景観を与えていた。

ハーバード・ロースクール（法科大学院）はハーバード・カレッジ（四年制学士課程）やハーバード・メディカルスクール（医科大学院）と並ぶハーバードの伝統的な教育機関であり[(1)]、特に私が留学した当時のハーバード・ロースクールには著名な教授が綺羅星の如く名を連ねていた。

ただし、名教授イコール名教育者とは限らない。著名な学者の授業がしばしば退屈至極なものであることは洋の東西を問わぬ真理であろう。しかしながら、ハーバードでは先輩の学生たちが作った「履修科目選択ガイド」が出回っており、これを参考にすれば講義の選択で後悔することはなかった。

たとえば、私が履修したいと願った租税法のウォレン教授に対する学生の総合評価は五点満点で四・八であり、コメント欄には、「ウォレンはハーバードのジョー・ディマジオ（一九四〇年代に大リーグで活躍した野球選手）だ。ディマジオはどんなに難しい球でも難しくないようにキャッチしてみせたが、ウォレン教授の手にかかれば、どんなに難しい法律問題もきわめて簡単な問題であるかのように説き明かされる」と書かれてあった。同じく私が受講を希望した独禁法のアリーダ教授の総合評価点は四・七であり、コメント欄には「たとえ独禁法に興味のない学生にとってもアリーダが教室で「叫び、歌い、時には踊る(shouting, singing and even dancing)」光景は必見の価値があるだろう」と書かれてあった。

これら二人の教授の授業を含めて私が履修願いを提出した科目は以下のとおりである(2)。

会社法　クラーク教授　（四単位）
独占禁止法　アリーダ教授　（四単位）
コーポレート・ファイナンス　クラーク教授　（四単位）

企業租税法　　ウォレン教授（四単位）
担保取引法　　スコット教授（二単位）

◉　◉　◉

これらの授業の履修に加えて卒業論文を作成し、併せて、契約法と経済学の授業にシィット・イン（試験は受けずに聴講だけすること）したいと考えた。しかしながら、修士の学位を取るために必要な単位数は卒業論文の提出（二単位としてカウントされる）を含めて一六単位であり、一八単位を超えて履修するには大学院の特別許可が必要であった。私の場合は全部で二〇単位に達していたためこの許可を申請したが、チューター（学生指導員）からは「これは無謀な計画である。単位数が多いばかりか、履修科目がどれも難しすぎる。こういうことを試みた留学生は過去においてほとんど落第している」と窘《たしな》められてしまった。しかし、「そこを何とか」としつこくお願いして最終的には右の履修願いをそのまま許可してもらった。私は、東大の授業をほとんど聞かなかった過去の過ち（第三章参照）をこの機会に清算したいと願っていたのである。

立法論を語る教授たち

ハーバード・ロースクールの授業に関しては「ソクラテス・メソッド」(「ケース・メソッド」ともいう)と呼ばれる授業方法が有名である。教授と学生の問答によって進められるこの授業方法は小説や映画の題材としても何度か取り上げられてきたが(3)、司法研修所でかなりハイレベルの問答法授業を体験してきた私にとってこれは驚くほどのものではなかった。それよりも私が感銘を受けたのは、各教授が「法はいかにあるべきか」を真摯に語っていたことである。

授業で扱う教材は主として過去の判例である。しかし、これらの判例は「何が法であるか」を教えるために使われるのではない(それが目的であれば、これほど不効率な教授法はないであろう)。教授は判例のロジックを吟味しながらひたすら「法はいかにあるべきか」を問い続けていた。

かねてから私は、日本の法律学が解釈論に終始し、立法論、つまり「法はいかにあるべきか」という問題を取り上げないことを歯痒く思っていた(**第三章**参照)。しかるに、ハーバードの先生方は大胆に立法論を語っている。この違いはどこから生じたものであろうか。

思うに、最大の原因はアメリカでは州ごとに法律が異なるという点であろう。米国では、民法も刑法も会社法も民事訴訟法も刑事訴訟法もすべて州ごとに存在する（したがって、たとえば「会社法」という法律は米国には五〇個もあることになる）。地方の小さなロースクールであればその州の法律だけを教えるということも可能であろうが、ハーバードのように全国各地から学生が集まる大学（これを「ナショナル・スクール」という）ではそうはいかない。かといって、各州の法律を全部教えることはもちろん不可能である。そこで、結局のところ各州の法律は適宜参照するにとどめ、何があるべき法の姿かを議論することを講義の中核とせざるをえない。これがアメリカのナショナル・スクールが立法論を積極的に扱うようになった最大の理由であろう。

しかしながら、ロースクールの教授たちが積極的に立法論を語る背景にはもっと思想的な要因もあるように思えた。それは、「プラグマティズム」と呼ばれる英米の伝統的思考様式が生み出したきわめて実践的な法現象の把え方である。

＊　＊　＊

最初に、エピソードを一つ紹介しよう。これは私がハーバードに入学する直前の夏（入学は九月であった）に通ったジョージタウン大学のサマースクールでの出来事である。ジョージタウン大学ではアメリカのロースクールに留学する外国人を対象にアメリカの法律の基礎を教えるサマースクールを開講していた。私もこれに参加したのだが、ことはその中の憲法の授業で起こった。

アバナシーというジョージタウン大学の名物教授が憲法上の制度（たしか、「違憲立法審査制度」であったと思う）について語っていた時、ドイツからの留学生が手を挙げ、こう質問した。

留学生　Professor, do you really believe this system is logical?

先生、あなたはこの制度が論理的であると本当にお思いですか。

アバナシー教授はこう答えた。

アバナシー教授　Logical?　Very interesting!　But we, American lawyers, never pose such question. Instead we ask ourselves whether it works. And if the answer is yes, we then ask whether it works efficiently.

「論理的か」ですって。非常に面白い質問ですね。しかし、我々アメリカの法律家は決してそういうことは問題にしません。我々が自らに問う問題とは「それは機能しているのか」であり、もしその答えがイエスであれば、次に問題にするのは「それは効率的に機能しているのか」なのです。

＊　＊　＊

「行為の価値は、（その目的や態様ではなく）その結果によって計《はか》られるべきだ」という思想を「帰結主義（consequentialism）」という。「法の価値はその法が作り出す社会のあり様によって計られるべきだ」という思想は帰結主義の考え方を「行為」ではなく「法＝規則」にあてはめたものであるから「規則帰結主義（rule-consequentialism）」と呼ぶのが妥当であろう。規則帰結主義という概念は比較的最近知った概念であるが、アメリカ現代法学の特徴を示す言葉として適切であると思うので[4]、以下では留学時代の体験を語る場合も含めてこの言葉を使うことにしたい。

　規則帰結主義の思想が日本の法学者・法律家の伝統的思考方法と決定的に異なるのは、

社会のルールが変われば人の行動様式も変わるということを十分に自覚している点である。

ある法が存在する社会と存在しない社会では人々の行動様式が変わり、結果として社会のあり様も変わってくるだろう。したがって、この二つの社会の優劣を比較することによって法の価値を評価できるはずだ。

これが規則帰結主義によって定式化された立法論の「座標軸」であり、この座標軸を獲得したことがアメリカの法学者が積極的に立法論を語れるようになった思想史的な背景ではあるまいか（座標軸となる思想の必要性については三七頁の議論を参照されたい）。

法と経済学の考え方

しかしながら、規則帰結主義に則って立法論を語るためにはさらに二つの問題に対処する必要がある。その一つは、現にない法が存在する社会（あるいは、現にある法が存在しない社会）のあり様をどのようにして推論するかという問題であり、もう一つは特定の法が存在する社会と存在しない社会の優劣をどのような基準によって判定するかという問題だ。

この二つの問題に対処する方策として私が留学した当時急速に注目を集めつつあったものが「法の経済学的分析」――以下、慣例に従い、「法と経済学」と呼ぶ――である。当時から今日に至るまでハーバード・ロースクールで法と経済学の講義を担当してきたのはスティーブン・シャベル教授であり、私も同教授の講義を聴講して法と経済学の考え方を学んだ。ここでは、シャベル教授が当時精力的に分析を進めていた不法行為法の分野の議論を使って「法と経済学」の考え方を説明しよう(5)。

◉
◉
◉

不法行為法の分野における立法論上最大のテーマは「過失責任と厳格責任」の選択問題であろう。ここで「過失責任」とは、過失――何らかの注意義務違反――のある加害者だけに損害賠償責任を負わせる制度のことであり、「厳格責任」とは、過失の有無を問わず加害者に賠償責任を負わせる制度のことである。

我が国の民法七〇九条は過失責任の原則を明確にしており、裁判所は公害被害者の企業に対する賠償請求等の事案も含め一貫して過失責任主義の原則を堅持した判決を出してきた(6)（ただし、高度の義務を加害者に課すことによって厳格責任を肯定したのとあまり変わらない結論を導いた事例も少なくない(7)）。

民法七〇九条がある以上、法律に従うべき立場にある裁判所がこのような判決を下してきたことはやむをえなかったであろう。しかし、厳格責任のルールを取り入れるべきか否かを立法論として議論する余地はあったし、私が習った当時の民法学にも「立法論らしきもの」は存在していた。すなわち、当時の民法学では、過失責任主義は私有財産制度や契約自由の原則と並ぶ資本主義経済の根幹であると説明されており、その一方で、報償責任主義（利益の帰するところに損失もまた帰するべしとの主張）や危険責任主義（自ら危険を作り出した者はその結果について責任を負うべしとする主張）などという言葉の下に「営業行為」や「危険行為」についてだけは厳格責任が肯定されるべきだとの主張がなされていた。

しかしながら、このような議論は立法論としてはあまりにも空疎である。少なくとも私にはそう思われた。なぜならば、「過失責任主義は資本主義経済を支えるために必要だ」と主張するのであれば、なぜ「必要なのか」その論証をなすべきであるし、報酬責任主義や危険責任主義を唱えるのであれば、なぜ「非営業行為」や「一見危険でない行為」による加害者を営業行為や危険行為による加害者と区別するのか、その理由を論証すべきであるのに、そのような論証は（少なくとも私が学んだ限りでは）ほとんどなされていなかったからである。

＊＊＊

この問題に法と経済学の分析を用いればどのようなことがいえるのか。議論の趣旨を明確にするために、以下の仮定をおいて考えていくことにしよう。

① 加害者となりうる者（以下、単に「加害者」という）は私人であっても企業であってもよいが被害者となりうる者（以下、単に「被害者」という）との間に商売上の取引関係はないものとする。両者間に取引関係がある場合には別途の考慮が必要となるからである。具体的には、散歩中の飼い犬が通行人を噛んでしまった私人や排出した汚染水で近隣住民に被害を与えてしまった企業を想定してもらいたい。

② 加害者も被害者も事故に対する保険の手当てはしていないものとする。保険の手当てがなされている場合には別途の考慮が必要となるからである。

③ 加害者はレベル1とレベル2という二つのレベルの事故防止措置を取りうるものとする。飼い犬のケースでは、飼い犬にリードをつけることがレベル1の、犬の口に猿轡をかませることがレベル2の防止措置であり、汚染水のケースでは、世界の有力企

業が標準的に備えている装置がレベル1の、最先端の科学技術を駆使すれば理論上装備可能な装置がレベル2の防止措置であると考えてもらいたい。

④　各レベルの防止措置をとるのにかかる費用（散歩する者の場合はその精神的負担を含む）、その場合の事故の発生確率（%）、一事故あたりの被害の経済的評価額（以下、これを「損害額」という）は**表1**のとおりとする（数字は便宜的なものにすぎないので特に単位の表示はしていない）。なお、**表1**の下段の「社会的コスト」とは加害者、被害者双方に生じるコスト（＝マイナスの便益）の総和のことであり、損害のコストは期待値（＝損害額×発生確率）として表されている。

表1

防止措置	防止措置に要する費用(1)	(2)事故発生確率	損害額(3)	社会的コスト＝(1)＋(2)×(3)
なし	〇	一〇%	二、〇〇〇	二〇〇
レベル1	一〇	一%	二、〇〇〇	三〇
レベル2	一〇〇	〇・一%	二、〇〇〇	一〇二

富の最大化（＝社会的コストの最小化）という観点からいえば、**表1**に記した三つの事態のうちの二番目、すなわち加害者がレベル1の防止措置をとる事態が最善である。なぜならば、この時に発生する社会的コスト（三〇）は他の二つの事態のいずれの場合よりも小さいからだ。富の最大化は社会の優劣を判定するための唯一の基準ではないが、一つの有力な基準であることは間違いないし、他に決め手となる基準がない限り「利用可能な最善の（best available）」基準といえるであろう（ただし、この点については二六二頁の議論も参照されたい）(8)。

◉
◉
◉

しからば、不法行為法をどのように「設計」すればこの事態を達成できるのか。

比較の対象とするために、まず「加害者が一切責任を負わないルール」を施行した場合について考えてみよう。この場合加害者には防止措置を講じるインセンティブは生まれない。したがって一番目の事態が発生し、最大の社会的コストが発生してしまう。

過失責任のルールを施行した場合はどうか。何をもって過失の有無の判定基準とするかで結果は異なるであろうが、ここでは、社会的コストを最小とする防止措置をとっていたか否かが過失の判定基準となるという前提で議論を進めることにしよう（ちなみにこの判定基準は「ハンドの定式」と呼ばれており、過失責任の準則としてアメリカの判例法上広く認められている）。**表1**において社会的コストを最小とする防止措置はレベル1の措置であるから、レベル1の防止措置を講じれば加害者は責任を免れる。したがって加害者はこの防止措置を講じるが、それ以上の費用をかけてレベル2の防止措置を講じようとはしない。つまり、過失責任主義の下で社会的コストは最小化される。

では、厳格責任のルールを施行した場合はどうか。この場合には社会的コストはすべて加害者の負担となるのであるから、加害者としては、これを最小化する事態を選択するはずである。したがって加害者はレベル1の防止措置を講じるが、レベル2の防止措置をとることはない。厳格責任主義をとっても加害者がとる防止措置が過剰なもの（**表1**におけるレベル2）とはならないことは注目に値するであろう。

以上のとおり、過失責任主義をとっても厳格責任主義をとっても、社会的コストは最小となる。だとすると、この二つの制度に優劣はつけ難いように見えるが、必ずしもそうではない。以下の点において厳格責任主義の方が過失責任主義よりも望ましい結果をもたらす可能性が高いからだ。

① これまでの議論は問題となる行為が生み出す「便益(9)」を無視してきた。しかし、加

害者がコストをかけてその行為を行うのはそれによってコストを上回る便益が得られるからである。そこで**表1**に示した費用や損害は加害者の一回の行為（「一時間の散歩」あるいは「一日あたりの工場の操業」などを想定してもらいたい）について発生するものとし、加害者はこの行為をどれだけ行うかを考えてみることにしよう。行為の回数を増やすほど、一回の行為によって加害者が得る追加の便益は減少するものとする[10]。

まず、過失責任主義の場合は行為一回あたりにつき加害者は一〇のコストを負担しなければばならない。したがって、加害者は一回あたりの行為によって得る追加の便益が一〇を下回らない限り行為を繰り返すことだろう。富の最大化という観点から見てこの結果は望ましいものではない。なぜならば、一回の行為によって社会全体に生じるコストは三〇であるから追加的便益が三〇を下回った後における加害者の行為は社会の富を減少させているからである。ところが、厳格責任主義の下ではこの事態を回避できる。なぜならば、厳格責任を負った加害者は行為一回につき社会全体のコスト三〇を負担するので、追加的便益が三〇を下回った時点で行為をやめるからだ。要するに、過失責任主義の下では加害を生み出すおそれのある行為が過剰になされる傾向

⁂

を免れないが、厳格責任の下では行為の回数は最適なレベルにとどまる。

② 加害者が最適な防止措置を講じたがそれでも事故が発生した場合、その損害を負担する者は過失責任主義の下では被害者であり、厳格責任主義の下では加害者である。この点だけから後者の社会が望ましいと主張することは早計であろうが、少なくとも加害者が上場企業である場合には、この結論の正当性を論証できる。なぜならば、被害者は損害に対して一般にリスク回避的であるが、上場企業の株主は分散投資を進めることにより損害の負担に対してよりリスク中立的な態度で臨めるからである(11)（以上の点については二二四頁以下の議論も参照されたい）。したがって、厳格責任主義の下で加害者が負担するマイナスの便益は損害の期待値に近い値となるが、過失責任主義の下で被害者が負担するマイナスの便益はこの期待値を絶対値において上回り、それだけ社会全体のコストは増加する。

③ 厳格責任主義の下で何が最適な防止措置であるかを判断するのは加害者であり、加害者はこの防止措置を自らの意思で実施する。これに対して過失責任主義の下で最適な防止措置が何であるかを判定するのは裁判所であり、加害者が実際にこれを実施したか否かの判定も裁判所に委ねられている。しかしながら、裁判所よりは加害者自身

の方が最適な防止措置を判定する情報を多く持ち合わせているだろうし、加えて、裁判所には実際に加害者がとった措置の評価を見誤るおそれもある。要するに、過失責任主義は最適な防止措置の特定と加害者が実際にとった措置の認定という二つの問題について厳格責任主義に比べて判断を誤る可能性が高く、このことが加害者の行動の最適化を妨げる要因となる。

◉ ◉ ◉

これらの点を考えると、厳格責任の方が過失責任よりも優れた制度であるように思えるが、実は過失責任には厳格責任にはない一つの大きな利点がある。それは被害者側の防止措置を促すという点だ(12)。

表1で加害者がレベル1の防止措置をとる事態について再度考えてみよう。この場合には一パーセントの確率で事故が発生し、損害の期待値は二〇（＝2,000 × 1%）であった。しかし、被害者の側で事故の発生確率や損害額の大きさを減らす措置をとることが可能であれば、それに要する費用が損害の期待値の減少額を下回る限り、その措置がとられることによって社会的コストは減少する。過失責任主義の下では被害者は必ずやこの措置をとるであろう。なぜならば、（加害者が最適な防止措置をとる以上）損害は被害者の負担となる

のであるから被害者の側にもまた最適な防止措置をとるインセンティブが生まれるからである。これに対して厳格責任主義の保護を受けた被害者はこの措置をとるインセンティブを持ち合わせていない。そのような措置をとらなくても被害者は損害を負担しないからである(13)。

したがって、交通事故のように被害者の側の防止措置が有効に働く場合には過失責任主義の方が適しており、これに対して、原子力事故のように被害者側には有効な防止措置がない場合(危険責任主義が想定している事故の多くはこのカテゴリーに入るものであろう)には厳格責任主義を用いる方が望ましいだろう。

以上が法と経済学を用いた不法行為法の分析である。不十分な点もあるが(14)、それでも伝統的な法律学の議論に比べたら圧倒的に緻密で、しかも有益な分析を示しえたのではないだろうか。

◉
◉
◉

ファイナンス理論を使って企業の行動を考える

法と経済学のアプローチは私が履修したすべての科目で積極的に取り入れられていた。なかでも、クラークのコーポレート・ファイナンスは先端的な科目であり、そこでは「ファイナンス理論」という当時注目を集め始めていた経済理論を使って会社をめぐる法現象を分析する試みがなされていた。

ファイナンス理論といはいかなる学問であるか。この点を話す前に、私がアソシエイト時代に抱えていた一つの悩みについて話しておきたい。それは、「ビジネス音痴」をどう克服するかという問題である。

コーポレート・ロイヤーが扱う法律問題は投資政策、配当政策、資本政策等、常に企業の経営政策にかかわっている。しかしながら、経営者はこのような高度な経営政策をどのようにして決定するのか、その点の精神的メカニズムが私にはどうしても理解できなかった。たとえば、長年かかって蓄えた資金を一挙に使って企業買収を行うことなどは実に危険な行為であるように思えた。どうしたらこのように危険な行為をするか否かの判断を合理的に行うことができるのだろうか。ある折に、私はこの疑問を精密機械メーカーの経営者（以下、「T氏」という）にお聞きしたことがある。T氏は、当時の我が国にあっては珍しく、M＆Aを事業の拡大手段として積極的に活用されてきた方であった。T氏はこう述べられた。

T氏　企業経営で大事なことは企業を資産のストックとしてではなく資金のフローとして、しかもなるべく長期間のフローとして、見ることです。経営に不慣れな人はどうしても目先の利益に眼を奪われがちですが、ライバル企業の先を行く経営をするためには遠い将来のことも視野に入れて企業を大きな資金の流れとして把えることが大事なのです。

私はこの説明を聞き、感服しつつも失望せざるをえなかった。なるほど、たしかにそのような見方をすることは重要であろう。さすがはT氏である。しかし、そのように企業を把えたからといってそこから卓越した経営判断が論理的に導き出せるものではあるまい。結局のところ、企業経営というのはある種の天分を必要とするものであり、私のようにビジネス音痴なものは永遠に経営を理解することはできないのかもしれない。しかし、経営を理解できずにコーポレート・ロイヤーとしての職責が果たせるだろうか。それは、言ってみれば、「運転のできない者が道路交通法を教える」が如き不自然な営みではあるまいか。

◉
◉
◉

ファイナンス理論は私のこの悩みを解決してくれた。

ファイナンス理論（我が国では「金融工学」とも呼ばれている）は私が留学から帰った後さらに発展し、現在では非常に精練された体系的理論となっている(15)。私がクラークから習ったファイナンス理論はこれに比べるとかなり「泥臭い」ものであったが、そのぶん初学者にはわかりやすいものであった。ここでは、当時のクラークの講義のエッセンスを述べることによってファイナンス理論の考え方を説明してみよう。

ファイナンス理論の中心テーマは「金融資産の理論的市場価格をいかに求めるか」である。ここで、金融資産とは株式や社債のように配当、利息、元本などの支払いを受けることにより最終的には現金に替わる資産のことである。ただし、金融資産は二つの点で現金そのものとは異なる。すなわち、第一に、金融資産を保有することによって得られる金銭の値はしばしば不確実である。株式の配当は企業の収益力や配当政策によって変化するし、社債の金利や元本も発行企業が倒産すればその支払額は著しく目減りしてしまう。もう一つの違いは支払いのタイミングの問題である。たとえ一〇〇パーセント確実に同じ金額の支払いがなされる金融資産であっても支払いの時期が明日のものと三年後のものと一〇年後のものとでは市場価格に違いが生じるであろう。

しかし、以上の点を見方を換えて言えば、不確実性の問題と支払いのタイミングの問題についてさえ有効な処理方法が見出せれば、すべての金融資産の理論的市場価格が特定できるはずである。

このうちタイミングの問題は、「市場金利によって割引く」という方法で対処できる。たとえば、一年後に確実に一〇五万円が支払われる金融資産があり、一年間の市場金利が五パーセントだとすれば、この資産の理論的市場価格（これを「現在価値」という）は、105万円÷1.05＝100万円となる（この計算を五パーセントの「割引率」によって「割り引く」という）ことに異論はないであろう。

問題は不確実性の対処方法である。この問題を説明するためにクラーク教授はコーポレート・ファイナンスの授業の初日に次のようなクイズを出した。

◉
◉
◉

クラーク教授

今日は君たちとゲームをしたい。ここに一〇〇ドル紙幣がある。君たちの誰かとジャンケンをしてその人が勝ったら僕がその人にこの一〇〇ドル紙幣をあげよう。そのかわり、僕が勝ったらその人から一〇ドルいただく。このゲームをしたいと思う人はどの位いるかな。（皆一斉に手を挙げているのを見て）そう、皆したいと思うよね。ではゲームのルールを少し変えよう。君が勝ったら一万一〇〇ドルあげるが、僕が勝ったら一万一〇ドル支払ってもらいたい。このゲームをする人はいるかな。（挙手した者は数名しかいないことを確認して）ほとんどいないね。多分、今手を挙げた人はすごくお金持ちであるか、あるいは負けた場合には「約束は無効だ」などと言ってお金を支払うつもりのない人でしょう（笑）。

クラーク教授が提案した二つのゲームの期待値（実現値と確率の積の総和）は同じである。すなわち、最初のゲームの期待値は100ドル×50％＋（−）10ドル×50％＝45ドルであり、二つ目のゲームの期待値も1万100ドル×50％＋(−)1万10ドル×50％＝45ドルである。にもかかわらず、大多数の人は最初のゲームは「したい」すなわち「プラスの価値がある」と考えるが、二番目のゲームは「したくない」つまり「マイナスの価値しかない」と考えるのは、ゲームをすることによって晒《さら》される不確実性が二番目のゲームの方が圧倒的に大きいからであろう(16)。

クラーク教授は続けた。

クラーク教授 今度は次の問題を考えてもらいましょう。さっき話した最初のゲームですが、ゲームへの参加料をいくらか支払ってでもこのゲームをしたいと考える人は最大いくらまで支払う用意があるでしょうか。次に、二つ目のゲーム。大多数の人はこのゲームはしたくないと答えましたが、いくらか貰えるならばこのゲームをしたいと考える人は最小限いくら貰えばこのゲームをする用意があるでしょうか。

この問題は、「リスク・プレミアム（不確実性の対価）」と呼ばれる概念を考える緒《いとぐち》を与えるものである。最近は初歩的な経済学の教科書でも取り上げられているが、私はこの授業で初めてこの概念を知った。

リスク・プレミアムとは、支払われる額が不確実な金融資産（このような資産を「危険資産」といい、これに対して支払いが確実な資産を「安全資産」という）の価値とその期待値との差額（後者の前者に対する超過分）のことである。クラークが出した最初のゲームを危険資産と把えた場合、最大30ドル支払ってでもこのゲームをしたいと考える人にとってこの資産のリスク・プレミアムは45ドル（期待値）－30ドル＝15ドルであり、同様の論理により最大45ドル支払ってよいと考える人のリスク・プレミアムは零である。ギャンブル好きな人の中には45ドル以上支払ってでもこのゲームをしてみたいと思う人もいるかもしれない。そういう人のこの資産に対するリスク・プレミアムはマイナスの値となる。

◉
◉
◉

二番目のゲームについても考えてみよう。仮に最低五、〇〇〇ドル貰えればこのゲームをしたいと考える人の、このゲームが表す危険資産に対するリスク・プレミアムは、45ドル－（－）5,000ドル＝5,045ドルである。

危険資産に対するリスク・プレミアムが零の立場をリスク中立的、リスク・プレミアムがプラスの立場をリスク回避的、リスク・プレミアムがマイナスの立場をリスク愛好的という。人は少額の危険資産に対してはリスク中立的あるいはリスク愛好的となる場合もあるだろうが(17)、企業に対して投資を行う自然人は、程度の差こそあれ、すべてリスク回避的と考えてよいだろう。

以上の点をまとめると、危険資産の現在価値は次のステップを踏んで求めることができる。

① その危険資産の期待値を推定する(18)。

② その危険資産のリスク・プレミアムを特定する。

③ 期待値からリスク・プレミアムを差し引くことによりこの危険資産と価値において等しい安全資産の金額を特定する。

④ この安全資産を支払時期までの利子率で割り引くことによって現在価値を求める。

以上の関係を数式で表したものが次式である。

$$PV = \frac{E(X) - \Delta}{1 + r} \quad \cdots (1)$$

ただし、ＰＶは危険資産Ｘの現在価値を、Ｅ（Ｘ）はＸの期待値を、Δ（「デルタ」と読む）はＸのリスク・プレミアムを、ｒは対象期間の利子率を、それぞれ表している。

◉　◉　◉

(1)式は次のような形で表すこともできる。

$$PV=\frac{E(X)}{1+r+\delta} \quad \cdots (2)$$

(1)式ではリスク・プレミアムを斟酌するためにΔを使って分子の値を減らしたが、(2)式ではδ（これも「デルタ」と読む）を分母の割引率に加えることで同じ目的を達成している。どちらの式でもよいわけだが、(1)式のΔは資産Xの大きさに応じて絶対値が変化するが、(2)式のδは変化しない。資産Xの大きさは何を投資の単位と考えるかで変わってくるので、できれば資産の大きさに依存しない指標を用いる方が便利であろう。そこで、以下では(2)式のδだけをリスク・プレミアムと呼ぶことにしよう。

問題は、いかにして個々の危険資産のリスク・プレミアムを算定するかである。それは最終的には市場に参加している投資家各自がどれだけリスク回避的であるかにかかっている問題であるが、実は投資家のリスク回避度が分からなくてもその値を推定することができる。難しい問題なので二つの要点に絞って簡単に説明しよう。

① 資産に十分な市場性がある限り（上場されている株式や社債を想定してもらいたい）、

投資家は投資の対象を多数の資産に分散することによってリスクを分散させることができる（このような投資を「分散投資」あるいは「ポートフォリオ投資」という）。分散投資を推し進めれば、投資家は個々の資産に固有のリスク（操業中の事故や経営者の不祥事など。以下、「固有リスク」という）からは解放され、それでも回避できないリスクは市場全体にかかわるリスク（原油価格の値上がりや円高など。以下、これを「市場リスク」という）だけとなる(19)。

② 残されたリスク、すなわち市場リスクは個々の資産のリスク・プレミアムをどのように決定づけるか。この問題の最も有名な処理方法は「キャピタル・アセット・プライシング・モデル（CAPM）」と呼ばれるものである。CAPMはすべての投資家がすべての投資情報を共有していることを仮定している（リスク回避度が同じであることは仮定していない）。この仮定は必ずしも現実的なものではないが、「理論的市場価格」を求めるための便法としてはそれなりの合理性があると言えるだろう(20)。この仮定に立つと個々の資産のリスク・プレミアムは市場ポートフォリオのリスク・プレミアムのβ倍となる。ここで市場ポートフォリオとは市場に存在するすべての危険資産をそれぞれの資産総額に応じて組み合わせた観念的な投資対象物のことであり、βとは対

象となる資産の収益率と市場ポートフォリオの収益率の相関関係とその資産の収益率の不確実性の大きさによって定まる値であり[21]、市場のデータから推計できる。

◉
◉
◉

少し難しい話になってしまったが、私がここで指摘したいことは次の二点である。

第一に、ファイナンス理論の力を借りれば私のようにビジネス音痴な者でもある程度の経営判断を下すことができる。たとえば、企業の取締役会があるプロジェクトを実行するか否かを考えているとしよう。この場合、このプロジェクトから今後毎年生み出される収益の期待値を推定し、同時に、このプロジェクトのβを類似企業の株式データなどを用いて推計すれば、このプロジェクトの現在価値を求めることができる。そして、この現在価値からこのプロジェクトの必要投資額を差し引いた値（これを「純現在価値」という）がプラスであればこのプロジェクトを実施し、マイナスであれば実施を見送る。これがファイナンス理論を使った経営判断のロジックである。

もちろんこのような思考方法は多分に技巧的なものであり、これをもって真の経営者が下す経営判断に代えることはできないであろう。しかしながら、予備的な判断を下したり、あるいは直観的に正しいと思う経営判断に誤りがないか否かを検証するための手段としては有効に機能するのではないだろうか。

第二に、ファイナンス理論は会社をめぐる法律問題の立法論・解釈論に役立つ。たとえば、これまでに述べたことからだけでも次のような立法論を導き出すことができるだろう。

① 株式を上場することは社会の富を増やす行為である。なぜならば、株式は上場されることによって分散投資の対象となり固有リスクから解放されるので、その分現在価値を高めるからである。したがって会社制度の中に非上場企業が上場を目指すインセンティブを盛り込むことは有益であり、他方、非上場化を目指す取引についてはその合理性に懐疑的なアプローチを取ることが賢明であろう[22]。

② 経営の多角化は必ずしも合理的な政策とは言い難い。株主は分散投資を行うことによって容易に投資先企業の固有リスクを免れうるのであるから、企業自らが手間暇をかけて多角化を進めてもそれによって生じる付加価値はほとんどないからである[23]。だとすれば、多角化を進めすぎたあまり肥大化してしまった企業を分割し、各事業を市場の競争原理に晒す行為は価値創造的である可能性が高い。したがって、いわゆる「スピン・オフ」（会社を分割し、分割によってできた会社の株式を分割した会社の株主に

分配する手続）を可能とする法制度を整えておくことは有益であろう(24)。

◉
◉
◉

このように見てくると、ファイナンス理論は経営者よりもむしろ法律家にこそ有用な知的財産と言えるかもしれない。法律家にとって重要なものは議論の緻密性と明晰性であり、ファイナンス理論は会社をめぐる法事象を緻密かつ明晰に分析することを可能ならしめるものだからである。

卒業論文の作成

クラーク教授には卒業論文の指導担当もお願いしてあった。そこで、せっかくファイナンス理論を習ったのだから卒業論文もこれを活かした内容のものを書こうと考えた。

私が関心を持ったテーマは「独占」、つまり、「企業が市場支配力を持つ状態」についてである。周知のとおり、独占は独占禁止法上の重要概念であるが、そこでは、独占は社会的に好ましくない事態であることを当然視した議論が展開されてきた（少なくとも、私が学んだ当時はそうであった）。たしかに、ある商品の生産が特定の企業に独占されると競争市場に比べて社会全体の富は減少してしまう。この点は、あらゆる経済学の教科書に書かれている「常識」と言ってよいであろう。しかしながら、この議論はその商品の市場がすでに存在することを前提としたものであり、その商品が開発される前の世界を考えると少し違った見方ができるのではないだろうか（このような発想を、法と経済学の世界では「視点を ex post（事後的）なものから ex ante（事前的）なものに切り換える」と表現する）。

たとえば、ある商品の開発プロジェクトの立上げを検討している企業の経営者が**表2**のような評価をこのプロジェクトに与えていると仮定しよう。

表2

（単位：億円）

独占状態を持続できる期間	初期投資額	収益の現在価値
〇年	一〇〇	三〇
三年	一〇〇	八〇
五年	一〇〇	一一〇
一〇年	一〇〇	二〇〇

＊　＊　＊

表2記載の各期間のうちどの期間についてこの企業に独占を許容すべきであろうか。ここで留意すべきことは、独占企業といえども社会に富をもたらしているという点である(25)。たしかに、その富の総和は競争市場の場合よりは少ないかもしれないが、この商品が市場に出回ることによって新たな富が創造されることは間違いない。しかるに、このプロジェクトを実施するインセンティブが企業に与えられなければこの商品は世に現れず、したがってこの商品がもたらす富も生まれない。したがって、仮にこのプロジェクトの発案時点で許容される独占期間を定めるとすれば、これをプロジェクトの純現在価値（二一八頁参照）をプラスとする最小期間である五年とすることが最善のはずである。

以上の分析は、特許法上特許が効力を有する期間をどう定めるべきかという問題を考えるうえで示唆的である。なぜならば、特許によってもたらされるものはその対象となる発明を使った商品の独占的製造だからである。したがって、たとえば、表2のプロジェクトが特許発明の開発を伴うものであるとすれば、このプロジェクトに関する限り特許の存続期間が三年では短すぎるし、逆に一〇年では長きに失し、結局五年が最適な期間となる。

そこで、私は現行の特許法のように特許の有効期間を発明の内容とは無関係に一律に何年と定めるのではなく(26)、個々の発明ごとに存続期間が異なるようにする制度を論文の中で提案することにした。私が考えたアイディアは次のようなものである。

① 特許の対象となる発明を開発行為が始まる前に所定の申請がなされたものに限定する。

② 開発者がこの申請を行うに際しては見込まれる投資額と特許の存続期間の変化に応じた収益の推定現在価値を、それらの数字を裏付ける資料を添えて申告することを義務付ける。

③ 右の申請をなした者は発明が成功裡になされた時点で政府の審査機関に再度申請を行う。審査機関は②で提出済の資料を最大限尊重したうえで開発の着手時に開発者が開発のインセンティブを保持しえたであろう最短の特許存続期間を試算し、これをもってこの特許の存続期間とする。

このアイディアにもっと緻密な肉付けをした制度論を語ることが私の論文の狙いであったが、残念ながら満足のいく作品とはならなかった。最大の問題は右の②の部分を制度化することの難しさにあった。と言うのも、この「新特許法」の下では開発者が実際以上に収益の現在価値を低く見積もった資料を作成するインセンティブを抱いてしまう。その方が与えられる特許の存続期間が長くなるからであるが、制度が開発者の主観的判断を尊重する建て付けとなっている以上、そのような資料の証拠価値を無闇に否定することは困難であった。

◉ ◉ ◉

「法の神は細部に宿る」という箴言はまことに正しい。いかに経済学やファイナンス理論の知識を駆使してもそれだけで法律論を完結することはできない。いかなるテーマについても実践的叡知を働かせることが大事であり、そこに法律学の難しさと、同時に面白さがある。卒業論文の作成を通じてこの点を思い知らされた次第であるが、幸いなことに、クラーク教授からは「独創的だ」というコメントと「A」の評価とをいただくことができた(27)。

(1) ハーバードの主要な教育機関には、本文に掲げたもの以外に、ビジネススクール（経営大学院）、グラジュエイトスクール・オブ・アーツ・アンド・サイエンス（学術系大学院）、ケネディ・スクール・オブ・ガバメント（公共政策大学院）などがある。

(2) コーポレート・ファイナンス、企業租税法、担保取引法の三科目は、その年に限り一〇単位の「合同授業（integrated term）」として開講された。

(3) 私が留学した当時では、「ペーパー・チェイス」という映画が有名であった。

(4) 規則帰結主義の哲学的側面についてはBrad Hooker "Ideal Code, Real World" Oxford University Press (2000) が詳しい。

(5) 不法行為法というテーマも含め、シャベル教授の法と経済学の全容はスティーブン・シャベル著、田中亘＝飯田高訳『法と経済学』日本経済新聞社（二〇一〇）によく示されており、本書の記述も同書に負うところが大きい。

(6) 公害問題のリーディング・ケースとなった大阪アルカリ事件（大審院大正五年一二月二二日判決（民録二二輯二四七四頁））では、化学工場から排出した有毒ガスによって近隣の農作物に被害を与えてしまった企業に対して「損害を予防するがため……相当なる設備を施したる以上は、たまたま他人に損害を被らしめ」たとしても責任はない旨が判示された。

(7) 前掲注(6)の事件においても、差戻審は被告企業の煙突が他社より低かったことを理由として結局賠償責任を肯定した（大阪控判大正八年一二月二七日新聞一六五九号一一頁）。

(8) 富の最大化の意義や問題点について、詳しくは拙著『会社法の正義』商事法務（二〇一一）一〇頁以下を参照。

◉
◉
◉

(9) 便益の大きさは金銭との限界代替率によって計られる。前掲注(8)『会社法の正義』一二頁の注(22)参照。

(10) 行為を増やすことで得られる追加的便益が減少するという仮定は、個人については限界代替率逓減の法則を、企業については収穫逓減の法則を、それぞれの根拠としている。

(11) 保険制度がないと仮定する限り、加害者企業の関係者の中でこの損失を最終的に負担する者は原則として株主であろう。

(12) 厳格責任主義にはもう一つ、「そもそも誰が不法行為者であるのか特定できない場合がある」という弱点がある。たとえば、手術の結果患者が死亡する可能性は避けられず、執刀医に「不法行為」があったと言うためには過失の認定が不可避であるかもしれない。また、「不作為」に対して不法行為責任を課する場合についても「過失」の認定を必要としないと対象が無限に拡大されてしまうおそれがある。**第六章**で取り上げた不法行為事件（九九頁参照）なども過失責任主義を前提としない限り企業の不法行為責任を論じることは難しいであろう。

(13) 厳格責任主義の下でも、最適な防止措置を怠った被害者の賠償請求権を否定する制度（この制度を「寄与過失」という）にすれば、被害者に最適な防止措置をとるインセンティブを与えることができる。しかし、この制度は過失責任主義よりも運営が難しいかもしれない。なぜならば、この制度の下では裁判所が被害者の最適な防止措置とは何であるかを特定し（この判断をするためには、それに先行する問題として加害者の最善の措置が何であるかも特定しなければならない）、加えて、被害者がその措置を実際にとったか否かも判断しなければならないからである。

(14) 実際には、本文で述べたこと以外にも制度の運営コストの問題や保険制度を考慮した場合の分析などを行う必要がある。

(15) 現代ファイナンス理論の構造について、詳しくは野口悠紀雄＝藤井眞理子『現代ファイナンス理論』東洋経済新報社（二〇〇五）を参照。

(16) 不確実性の大きさを表す代表的指標は「分散」と「標準偏差」である。分散とは実現値と期待値との差額（これを「偏差」という）の二乗の期待値のことであり、標準偏差はその平方根である。一番目と二番目のゲームの標準偏差はそれぞれ五五ドルと一万五五五ドルである。

(17) たとえば、宝くじというものは購入者から得た資金の一部を慈善活動などに充てて、その残りを当選者に分配するものであるから、その期待値はつねに投資額を下回っている。したがって、宝くじを購入する人は一見リスク愛好的であるが、そのように振る舞うのは、おそらく「当選を夢見る」ことに少なからぬ効用を見い出しているからであろう。

(18) 期待値の推定の方法はさまざまであるが、収益の確率分布が正規分布（左右対称な釣り鐘状の確率分布）に近似しているとすれば期待値は最頻値（最も起こりそうな実現値）と一致するので、最も可能性の高い収益の値を推定すればそれがそのまま期待値となる。

(19) 誤解のないように言っておくが、固有リスクから解放されてもそのリスクが現実化した時の負担はもちろん投資家が負わなければならない。ただし、その可能性は期待値に織り込まれているので、資産価格を算定するうえでさらにリスク・プレミアム分の減額はしなくてもよいということがここで言う「リスクから解放されている」ということの意味である。

(20) ＣＡＰＭには、もう一つ、「すべての資産市場が連動していること」という仮定も置かれている。

(21) もう少し正確に言うと、βはその資産の収益率と市場ポートフォリオの収益率の相関係数にこの二つの収益率の標準偏差（前掲注(16)参照）の比率を乗じた値である。

(22) 株式の非上場化がすべて不合理な取引とはいえないが、将来における再上場すらも想定しない非上場化にいかなる価値創造機能があるのかは事案ごとに慎重に検証すべきであろう。

(23) ただし、汎用性の高い経営ノウハウを共有することによるシナジー効果や倒産リスクの減少に伴う株主価値の上昇効果はあるだろう。

(24) 現行会社法の下では会社分割と株式配当を組み合わせれば容易にスピン・オフを実施できる。にもかかわらずその先例がほとんどない最大の理由は税法である。すなわち、現行の法人税法の下で

＊＊＊

スピン・オフを実施した場合には（共同事業要件を満たす会社を見つけてきてこれを分割承継法人とするといったアクロバティックなステップを踏まない限り）「不適格会社分割」となってしまい、これを実施した企業に対して多大な課税負担が生じる。

(25) ミクロ経済学の部分均衡分析の用語を使えば、株主には生産者余剰が、消費者には消費者余剰が、それぞれもたらされる。

(26) 我が国では特許の存続期間は出願日から二〇年、実用新案の存続期間は出願日から一〇年である。

(27) ちなみに、この論文の作成にあたっては、当時ハーバード・ビジネス・スクールの博士課程（DBA）に留学していた藤本隆宏現東京大学経済学部教授から計量経済学に関して多くの教えを受けた。この場を借りて改めて御礼申し上げる。

第一〇章

米国留学時代（その②）

――現代社会のソフィスト

⁂

楽しかった学生生活、卒業式、そして最後の受験勉強

ハーバードの冬は長く厳しい。クリスマス前から降り始めた雪は正月を待たずに街を白銀の世界に変えた。

しかしながら、どんなに雪が降っても大学が休講となることはなかった。幹線道路の除雪が滞ることはなかったし、校舎間の移動も地下道を使ってスムーズに行うことができた。

私は郊外の一軒家を借りて家族（妻と二歳になる娘）と一緒に暮らし、そこからバスで大学に通った。朝はリュックを背負い、息を弾ませながら教室に向かい、夕方は教会の鐘の音を聞きながら暮れなずむ家路を急いだ。

四月になると雪は雨に変わった。雨は毎晩夜更けに降り始め、明け方に至るまで家のスレート屋根を濡らし続けた。私はその音を聞きながら連日勉強に励んだ。あれほど勉強に没頭したことは私の生涯において前にも後にもないことであった。

期末試験が終わり五月となった。ハーバードのあるニュー・イングランド地方には、「四

月の雨は五月の花を咲かせる（April showers bring May flowers）」という格言がある。その言葉どおり、五月になると各種の花が一斉に咲き始め、街は鮮やかな彩《いろど》りと香《かぐわ》しい匂いに包まれた。

ハーバードではこの季節に卒業式が行われる。卒業式はすべての学部・大学院合同で行う年間最大の学校行事であり、大学院の卒業生はマントとフードを着用することになっていた。慣例に従い、私は、フードの裏地を出身大学である東大のスクール・カラーのライト・ブルーに、マントの裏地をハーバードのスクール・カラーであるクリムゾン・レッドに、それぞれ仕立てて式典に臨んだ。古典文学専攻の卒業生によるラテン語の演説で始まる式は華麗にして荘重であり、学生生活のフィナーレを飾るに適わしい行事であった（ビジネス・スクールの学生は米ドル紙幣を握りしめて入場してくると聞いていたが、残念ながらその光景を見ることはできなかった）。

卒業後は一カ月間米国内を旅行し、七月からニューヨーク州の司法試験の勉強を始めた。日本の司法試験と較べると格段にやさしい試験ではあったが、おそらくは人生で最後の受験勉強である。万全を期すべく一カ月間勉強に専心し、無事に合格することができた。

❂
❂
❂

ニューヨーク・ロイヤーとなる

国際弁護士を目指す者の間ではロースクール卒業後留学の総仕上げとしてニューヨークかロサンゼルスの大手法律事務所で一・二年勤務することが慣例となっていた。私の場合は、ニューヨークのデベボイス・アンド・プリンプトン法律事務所（以下、「D&P」という）で働くことにした。D&Pを選んだ理由は、私が留学する直前に西村事務所に勤務していた米国弁護士にD&Pの出身者がいて、彼からD&Pでの勤務を薦められたことによる（「フランス的な気品がある」というのが彼の主たる推薦理由であった）。

D&Pはニューヨーク市の三番街と五二番通りの交差点に位置する巨大なガラス張りのビルの中にあった。私はイースト・リバーを隔ててニューヨーク市と接するフォート・リー市の高層マンションで暮らし、そこから地下鉄でD&Pに通った。

D&Pでは東アジア・プラクティス・チームと呼ばれる部門に配属となり、この部門のヘッドであるルイ・ベグリー弁護士の指導を受けることになった。D&Pでは事務所の創業者であるデベボイス氏（当時はまだ現役で働いていた）以外はすべてファースト・ネームで呼び合う習慣であったので、ここでも彼を「ルイ」と呼ぶことにしたい。

ルイはハーバード・カレッジ（文学専攻）とハーバード・ロースクールをともに最優秀の成績で卒業し(1)、卒業後は一貫してデベボイスで働いてきた生粋のコーポレート・ロイヤーである。ルイは家庭ではフランス語で暮らし（ルイの夫人はフランスのロートシルト家のご出身であった）、職場でも、自室では葉巻きを燻《くゆ》らし、ルイ主催の勉強会では毎回出席者にワインを振る舞う（もちろん、ロートシルト家のワインである！）というフランス文化の愛好者であった。

ルイの声は小さく、しかもゆっくりとしていた。彼の声は激しい交渉の場面ではさらに小さくなったが、それでいて周囲の人に耳を傾けさせずにはおかない迫力を備えていた。実は、ルイにはコーポレート・ロイヤー以外にもう一つ別の「顔」もあったのだが、この点はあとで話すことにして、その前に、彼以外の弁護士の話をしてみたい。

D&Pには三人の思い出深い弁護士がいた。

その一人はジョンというリティゲイション部門（法廷活動を専門とする部門）のシニア・パートナーである。英国と異なり、米国では弁護士がリティゲーター（法廷弁護士）となるために追加の資格がいるわけではない（その点では日本と同様である）。しかしながら、大手ロー・ファームの弁護士の中でもリティゲーターはコーポレートやファイナンスを専門とする弁護士とはかなり雰囲気が違っていた。仕事柄、アグレッシブ（積極果敢）な人が多いことは当然として、それ以上に特徴的なことは、総じて身のこなしや表情が役者風なことである。これは陪審員にアピールする話し方や表情が日常化してしまったためかと思うが、要するに、「ただものではない」風情を湛えた人が多いのである。

❁　❁　❁

ジョンは典型的なリティゲイターであった。髪は金髪で目は限りなく青く、身長も二メートル近くあって、往年の大スターであるチャールトン・ヘストンを彷彿とさせるほどに格好よかった。

ジョンの専門は製造物責任であるが、彼の仕事は常に被告とされた企業の代理人であった。

そんな彼に私は次のような質問をしたことがある。

私　製造物責任の事件で被告の代理人ばかりしていてはストレスが溜るでしょう。たまには原告側の仕事をしたいと思いませんか。

ジョンは答えた。

ジョン 耕一（私はそう呼ばれていた）はどうしてそんなことを言うんだ。私は、裁判を通じて正義を実現しているのであって、立場が原告側であるか被告側であるかはまったく無関係（totally irrelevant）である。ただし、私は自分の職業的誇りにかけてクライアントに虚偽の主張をすることを許さないし、当然のことながら証拠の改変や隠匿も許さない。このような私の要請に快く従ってくれるという点では原告となる個人よりも被告となる企業をクライアントにする方がやりやすい。

こう断言するジョンの表情には一点の曇りもなかった。

二番目はスティーブンという税務部門のパートナーである。日本では税務は会計の専門家である税理士の主たる職域となっているが、米国では法律家である弁護士の専門分野であり、D&Pにも数十名のタックス・ロイヤー（税法弁護士）がいた。彼らは、税務を（会計の一部としてではなく）純然たる法律問題として把え、法と経済学を駆使した分析を行うことを得意としていた（ちなみに、移転価格税制の裁判などでは納税者と国の双方がノーベル経済学賞受賞者を鑑定人に立てて意見を闘わせることも稀ではない）。スティーブンもまた筋金入りの「ロー・アンド・エコノミスト（法と経済学の愛好家）」であり、私も彼とは幾度となく税法と経済学の話をさせてもらった。

聞くところによれば、スティーブンのご夫人も他のロー・ファームで働くタックス・ロイヤーだそうである。「休日は二人で何をしているの」と尋ねたら、「いつも二人で税法と経済学の話をしている」と真顔で答えた。驚いた私は、冗談半分にこう言った。

私　スティーブンは明日地球が滅びるとわかっても税法と経済学のことを考え続けるのかな。

スティーブンは再び真顔で答えた。

スティーブン　Why not.

もちろん。

三人目は当時の最年少パートナーであったブルースである。ブルースには専門が二つあった。その一つは「トレード・シークレット・ロー（営業秘密法）」であり、もう一つは「プロボノ（Pro bono）」であった。ここでプロボノとは、差別、虐待、貧困など公益性の高い法律問題を無償で引き受ける仕事のことであり、D&Pでは事務所全体の仕事の約五パーセントをプロボノの仕事に充てる方針であった。ただし、すべての弁護士が少しずつプロボノの仕事をしていては非効率なので、プロボノ専門のパートナーを作り、彼らが中心となってプロボノ活動を行う。ブルースはそんなプロボノ・パートナーの一人であったのだ。

営業秘密法とプロボノでは仕事の仕方もクライアントの性格もかなり違うと思うのだが、ブルースは二足の草鞋《わらじ》を履いて連日深夜まで精力的に仕事をこなしていた。

ブルースには個人的な問題でもお世話になったことがある。

ある時、私の住むフォート・リー市のマンションの弁護士から手紙が来た。入居時に私が雇った引越業者が荷物の搬入時に廊下のカーペットを傷付けたので、その張り替えに要した費用を支払ってもらいたいというのが手紙の趣旨であり、「訪問者の過失については居住者が責任を負う」というニュージャージ州（フォート・リー市のある州）の判例まで引用してあった。言われてみれば、たしかに入居当時廊下のカーペットにかなり目立つ引っ掻き傷があり、その数日後にフロア全体のカーペットが張り替えられていた記憶がある。事実が手紙の内容通りだとすれば、マンションに対して私が責任を負うのも致し方ない気もしたが、請求額がかなり高額であったので（当時のレートで一〇〇万円近かったと記憶している）どうしたものかとブルースに相談してみた。

ブルースは、「耕一を守ることは我々にとってまさにプロボノである」と言って、直ちに私の荷物を運んだ引越業者を探し出し、その会社の顧問弁護士と連絡をとってくれた。数日後ブルースから聞いた話によると、荷物を運んだ人は「搬送に使った台車はマンションから借りたものであり、その台車の車輪が一つ動かなかったことがカーペットを傷付けた原因である」と言っているそうである。ブルースはこの人から宣誓供述書を入手し、そのコピーを添えた「回答書」を私の代理人としてマンションの顧問弁護士に送付してくれた。

⦿

⦿

⦿

しばらくして相手の弁護士からブルースに請求を取り下げる旨の連絡があり、この件は無事落着した。私はブルースの部屋に行き、彼に感謝の気持ちを伝えた。ブルースは山のような書類に埋もれて仕事をしていたが、私の言葉に少し照れたのか、「アベク・プレジィール（どういたしまして）」とフランス語で応《こた》え（当時のD&Pにはなぜかフランス語を使うのが好きな弁護士が多かった）、しばし微笑えんだ後、視線を再び手元の書類に向けた。

米国社会に根付いた雄弁の文化

三人のD&P弁護士の話をしたが、この三人には共通点があるように思える。すなわち、この三人はいずれも法律家としての自分の仕事に揺るぎない価値を見出しており、少し大袈裟に言えば、それを誠実にこなすことこそが神から与えられた使命（mission）だと確信しているように見えたのである。

日本にもこういう弁護士がいるだろうか。

まず、ジョンのように製造物責任の被告企業側ばかりの仕事をしている弁護士はたぶんいないと思うが、そのような仕事が相対的に多い弁護士はいるかもしれない。しかし、彼らはそのような仕事が多いことに多少の「居心地の悪さ」を感じている可能性が高く、少なくとも同僚の弁護士の前で「自分はひたすら正義を実現している」と公言する人はいないであろう。

スティーブンのような弁護士もまずいない。税務を専門とする弁護士は日本でも近年増えてはいるが、税法のことだけを昼夜を分かたず考え続けている弁護士はたぶんいないであろう。

ブルースのような弁護士は一見たくさんいるようだが、実はこれも僅少である。たしかにプロボノの仕事には「法律家魂」を掻き立てるものがあるが、働き盛りのコーポレート・ロイヤーが激務の合間を縫ってプロボノの仕事に精を出すのは至難の技だ。

❈ ❈ ❈

日米のこの違いはどこから来たものだろうか。

この問題に関する私の考えを箇条書《かじょうが》きにしてみよう。

① 米国社会は、雄弁を愛しこれを高度の技芸（art）にまで発展させたギリシャ・ローマ文化の伝統を色濃く継承した社会であり(2)、この文化の主たる担い手は法律家である。

② この結果、米国社会では、法律家の仕事を紛争を解決するための単なる手段としてではなく、それ自体に価値のある文化的営みとして把える傾向がある。つまり、米国では、法律家の仕事は社会の「必要コスト」というよりは、芸術家やスポーツ選手の仕事と同様にそれ自体が賞味・愛好の対象となるものである。

③ これに対して、古来我が国では人と人との間に意見の対立があることを認めることを忌み嫌う傾向が強かった(3)。このような社会にあっては、「沈黙」こそが美徳であり、雄弁を寿《ことほ》ぐ文化が生まれる余地はなかった。

④ 明治維新後、日本は西欧文化を取り入れることに懸命となったが、右の①で述べた文化（以下、これを「雄弁の文化」という）が日本に根付くことはなかった。我が国の伝統に合わなかったことも一因であろうが、次の二点も重要であろう。

(a) 雄弁の文化は「富国強兵」という政府の喫緊の課題に必要なものではなかった。法律学の勉強は奨励されたが、それは、官吏が社会を統治するための手段として有用と考えられたからであり、法律学の雄弁の文化としての側面は軽視されがちであった。

(b) 我が国が唯一吸収に励んだ雄弁の文化は「レトリック（修辞学）」と呼ばれる西欧

の古典的学問であった(4)。しかし、これは多分に装飾的で瑣末的な技法であった。そして、そのような技法の輸入とともに俄《にわか》に興《おこ》った「弁論ブーム」は「美辞麗句」や「大言壮語」と真の雄弁を取り違えた政治家やジャーナリストを、ひいては、我が国を破滅的戦争へと押しやったデマゴーグ（大衆扇動者）たちを生み出す温床となった。この体験を経て、戦後の日本人は従来以上に強く雄弁に「不信感」を抱くようになった。

❀　❀　❀

以上の点を詳しく述べることは本書の目的とはそぐわないので割愛するが、一点だけ補足しておきたい。それは、人間の知の営みは、「真理の発見」と「同意の獲得（「合意の形成」と言ってもよい）」という目的を異にする二つの活動に分けて考えることができるという点だ。

このうちの「真理の発見」については多言を要しないであろう。真理を知ることは人間の見果てぬ夢であり、同時に、人々の生活をより豊かで安全なものとすることに資する。我が国の学校教育はこの「真理の発見」を学問の唯一の目的と標榜して運営されてきたと言っても過言ではないであろう。

しかし、人が知り得る真理には限りがあり、人間は何が真理であるか判然としない世界においてもできるだけ理性を働かせたいと願う。立法の場で「法はいかにあるべきか」を論じ、あるいは司法の場で特定の人間が刑事処罰や民事責任を負うべきか否かを論じる世界はまさにその典型であり、そこで展開される営みの主たる目的は真理の発見ではなく、他人を説得し、その同意を得ることにある。そして、それが行動の目的である以上これを実践するために必要とされる知の技法は真理の発見のための技法とはおのずから異ならざるをえない。

この違いに最初に気付いたのは、「弁論家」ないしは「ソフィスト」と呼ばれた古代のギリシャ人たちであった(5)。弁論家とソフィストとは専門家の間では違う意味に使われる場合もあるが、ここでは両者を併せてソフィストと呼ぶことにしよう(6)。

ソフィストの言説は彼らの最大の批判者であったプラトンの著作を通じて語られることが多いので誤解されやすいのだが(7)、それは決して「詭弁（人を言いくるめるための技法）」ではない（そういう面がまったくなかったとは言えないが）。彼らが追求したものは、「万物の尺度である人間（プロタゴラス）」が互いに理解し信頼し合うための技法であり、これこそが雄弁の文化の起源である。

ソフィストが作り出した雄弁の文化はその後二つの学問に発展していった。その一つはアリストテレスを経て[8]古代ローマで開花したレトリック（修辞学）であり、キケロやクインティリアヌスらが活躍したローマ時代はまさに修辞学の黄金・白銀時代と呼ぶに適しいものであった[9]。修辞学はその後の西洋社会においても教養人必須の学問として尊重されてきたが、その内容は次第に表現の巧拙や文章の構成をあげつらう技術的・瑣末的なものに変質していった。我が国が明治時代に「輸入」した修辞学がまさにこれであったことは先ほど述べたとおりである。

しかし、ソフィストが生み出した雄弁の文化には修辞学とは別の承継者がいた。それは、ローマ時代に体系化され近代ヨーロッパ社会へと受け継がれていった法律学である。法律学がソフィストたちから受け継いだものは「説得の論理」と呼ぶに値する人間の叡知の産物であり、その内容は修辞学とは比べものにならないほど豊かで、しかも、人々の実践的目的に適うものであった。そして、この伝統を（ある意味では近代ヨーロッパ社会以上に）濃厚に受け継いでいるのが米国の現代社会であり、法律家の言説が単なる社会の統治手段としてではなく、人類共通の文化的遺産として賞味され愛好される理由もまさにここにある。要するに、法律学はアメリカ社会が誇る雄弁の文化そのものであり、法律家は現代アメリカ社会のソフィストなのだ。そして、この文化の体現者であることに揺るぎない価値を見出しているからこそ、ジョンもスティーブンもブルースも寝食を忘れて法律家の仕事に没頭できる。そう私は考えた。

前向きなニヒリズム

しかし、ルイだけは「現代社会のソフィスト」と呼ぶことを躊躇《ためら》う雰囲気を醸《かも》し出していた。たしかに、ルイは優れた頭脳の持主であり、彼の分析力や洞察力は多くのクライアントや若手弁護士の尊敬の的であった。しかし、ルイの眼は時折遠くを見るようであり、彼の笑顔はいつも控え目で一抹の寂しさを湛えていた。

ここで、ルイの生い立ちと彼のコーポレート・ロイヤーとは別のもう一つの「顔」について語りたい。

ルイは、一九三三年にポーランドのユダヤ人の家庭に生まれた。家はかなり裕福だったようだが、少年期にヒトラー率いるドイツ軍の侵略に巻き込まれ、彼らによる略奪と殺害を免れるべく母と二人で逃避行を続けた。戦後、ルイはパリに移り住み、その後アメリカに移住し、奨学金を得てハーバードに進学しコーポレート・ロイヤーとなった。

その後の彼の人生は一見順風満帆である。しかし、少年時代の記憶はルイの心に拭い難い人間への不信感を植え付けていた。そして、この不信感はその後のルイの人生の中で彼の文学的才能を触媒として「発酵」を続け、ついには珠玉の文学的作品群を生み出した。すなわち、ルイは著名な小説家であったのだ（ルイは一九九三年にはPENアメリカンセンターの代表にも選ばれている）。

ルイの作品は数多《あまた》あるが、なかでも有名なのは、PENヘミングウェイ賞をはじめ多くの文学賞を受賞した『Wartime Lies』であろう（日本では『五〇年間の嘘』という題名で翻訳本が出版されている⑽）。これはルイの分身ともいうべきマチェクという名の少年の逃避行を描いた作品である。マチェクは、自分がユダヤ人であることを隠し、あらゆる嘘をついてナチの追及を逃れ続ける。暴行、略奪、凌辱、裏切り、さまざまな光景を目の当たりにしながらマチェクは「成長」し、戦後に至ってもなお偽りに満ちた人生を送る。

この作品の最後の文章はこうである（東江一紀氏の訳による）⑾。

では、マチェクは今どこにいるのだろう？その名は恥辱を表わすものとなり、ゆるやかに死に絶えた。マチェクの使ってきた名前のひとつを名乗る男が、彼に取ってかわった。

◉　◉　◉

その男のなかに、マチェクはまだしっかりと生き続けているのだろうか?そんなことはない。マチェクは子どものままであり、男は追懐《ついかい》すべき少年時代を持たない。男はつねに架空の身の上話をつくりあげてきた。あの古い歌も嘘だ。どんなに長く、どんなに陽気に曲を奏でても、マチェクが立ちあがって踊りだすことは二度とない。

ルイの小説が扱うテーマはさまざまであるが、そこには通奏低音とでも呼ぶべき共通の調《しらべ》があった。それをあえて言葉にすれば、「この世界には絶対的に信頼できる価値など存在しない」という世界観であり、既存の哲学用語で言えば、「ニヒリズム（虚無主義）」こそがルイ文学の真骨項であった。

しかし、ルイの世界観は普通の日本人がニヒリズムという言葉から連想するような頽廃的で悲観的なものではなかった。そのことは、どの作品よりも彼の生き方そのものの中に鮮やかに示されていた。すなわち、ルイは、家庭を愛し、職場の同僚やクライアントとの間の友情や信頼を大切にし、音楽や文学やワインを楽しむ豊饒《ほうじょう》な人生を生きていたのである。

「他律的な価値体系の喪失感」をニヒリズムと呼ぶのであれば、紛れもなくルイはニヒリストであった。しかし、彼は決して生きることへの情熱を失ってはいなかった。ルイは人から与えられたお仕着せの価値観ではなく、自ら見つけ出した「よきもの」を大切にし、それらの「よきもの」に支えられて力強く人生を生きている。私は、ルイのこのライフ・スタイルを「前向きなニヒリズム」と呼ぶことにした(12)。

⁂

近づく帰国の日

ニューヨーク時代は仕事に余裕があったので、フランス語学校に通ったり、ミュージカルを観たり、美術館巡りをしたりと久しぶりにゆっくりとした時間を過ごすことができた。

仕事の合間にはオフィス近辺をよく散歩した。レキシントン街とパーク街を横切って五番街を北に上りセントラル・パークに至るコースが私の一番好きな散歩道であった。

ニューヨークの街を歩いていると自分が異邦人（エトランゼ）であるという感覚に囚われることが多い。しかし、それは決して不快な気分ではない。ニューヨークは異邦人に優しい街だ。もしかすると、この街で暮らす人の大半は自分を異邦人と感じているのかもしれない。そんな人々が自己の主張を曲げずに互いの個性を尊重し合って生きてゆける社会、それがニューヨークという街の素晴らしさであり、同時に厳しさでもあるのだろう。

そんな街を歩きながら、私は帰国の日が近づきつつあることを感じていた。日本に帰れば、少なくとも二〇年間は仕事に忙殺されることになるだろう。もとよりそれは望むところだ。問題は、この国で学んださまざまな知識やライフ・スタイルをどのように活かしていくかである。

ハーバードで学んだ法と経済学やファイナンス理論を使っていくことに問題はない。それらの知識はコーポレート・ロイヤーとしての私にとって掛け替えのない財産となることであろう。

「現代社会のソフィスト」にもなれるだろうか。多分それは難しい。そう私は考えた。寡黙を愛し饒舌に鼻白む日本社会の中にあっては、雄弁家が人々の賞味・愛好の対象となることは（少なくとも私が生きている時代には）ないであろう。

「しかし、……」と私は考え続けた。我が国は戦後目覚ましい経済成長を果たした。残された問題も多いが、過去のいかなる時代と比べても我が国の社会がこれほどの豊かさを享受したことはないであろう。この繁栄を支えているものは日本企業の競争力であり、この繁栄を維持・発展すべく日本企業は今後も国際企業社会の中で生き抜いていかなければならない。そして、この国際企業社会を規律しているものは間違いなく欧米、特にアメリカの文化である。であるとすれば、我が国は「国際社会で日本企業を擁護するソフィスト」を必要としており、私はその要請に応える者の一人となりうるのではないか。そう私は考えた。

「前向きなニヒリズム」はどうか。率直に言おう。私は、これほど自分の信条に合う生き方はないと思った。私はルイのように悲惨な経験をしたことはない。しかし、子供の頃に多くの肉親と死に別れたり、あるいは、クラスメイトから長年いじめを受けていたりしたせいであろうか、私は一〇代の頃から人間に対する不信感やさまざまな既製の価値観への疑念を抱いていた。しかし、だからと言って人生を無意味だと思ったことはなかったし、より良き生を生きることへの情熱を失ったこともなかった。何に価値があるのかを世界が私に教えてくれないのならば、価値は自らの手で見つけ出し、それを導きの星として生きてゆけばよい。漠然とながら私はそう考えてきた。

ルイのライフ・スタイルはこの生き方の手本となるものであった。もちろん、私はルイほどに深い孤独を味わったことはなかったし、彼ほどに豊かな文学的才能も持ち合わせてはいなかった。しかし、自らの手で夢を見つけ出し、それを追い求めながら、同時に周りの人々にも夢を与えていく、そんな生き方を願う点ではルイも私も同じであった。「虚空に花を取り出すように自らの手で夢を見つけ出し、ひたむきにそれを追い求めたい。」馥郁《ふくいく》たる五月の風に打たれながら私はそう願った。プラタナスの若葉が一斉に翻り、そこに風の通る道が見えた。

(1) ルイはハーバード・カレッジで summa cum laude、ハーバード・ロースクールで magna cum laude の表彰を受けていた。

(2) 米国の建国に携わった為政者たち（その多くは法律家であった）の間では「腐敗した近代西欧社会」よりも古代ローマに国家としての範を求めるという意識が強かった。その後、一九世紀に至り欧米全体に「ギリシャ復興ブーム」が起きたことに伴い、アメリカ知識人の憧憬の対象もローマから古代ギリシャに移った。Garry Wills "Lincorn at Gettysburg" (1992) Simon & Schuster 等参照。

(3) 我が国の伝統的文化はなぜ人々の間に意見の対立があることを嫌うのか。難しい問題であるが、私としては、その原因を怨霊信仰と言霊《ことだま》信仰に求める歴史家井沢元彦氏の意見に強い説得力を感じる。

❀ ❀ ❀

(4) 五箇条の御誓文が「広く会議を興し、万機公論に決すべし」と記していることからもわかるように、明治政府の創設者たちは近代国家の体裁を作り上げるためには公論=スピーチの技法を身に付けねばならないことを早くから自覚していた。そこで、前途有為の若者たちを欧米に留学させ、スピーチの技法であるレトリックの輸入を入った。尾崎行雄『公開演説法』(出版社未詳)(一八七七)、クワッケンブス著、黒岩大訳『雄弁美辞法』与論社(一八八二)、高田早苗『美辞学』金港堂(一八八九)などの書物はレトリックを我が国に根付かせようと考えた当時の知識人の努力の成果である。

(5) 代表的人物には、プロタゴラス、ゴルギアス、リュシアス、イソクラテス、アルキダマス等がいる。

(6) 納富信留氏によれば、「ソフィスト」という名称は古代ギリシャで活躍した弁論家の中でも特に教育活動を行っていた者たちの呼称として適しい。この意味からすれば、前掲注(5)に記載した者たちのうちのリュシアスは他人のための弁論の創作は行ったが教育活動はしなかったので厳密な意味でのソフィストにはあたらない。納富信留『ソフィストとは誰か?』人文書院(二〇〇六)参照。

(7) プラトンがソフィスト批判を展開した作品としては、『プロタゴラス』、『ゴルギアス』、『パイドロス』等が名高い。

(8) アリストテレスは彼の師であるプラトンとは異なり、雄弁の価値を積極的に肯定した。しかも、同じ知の営みであっても真理の発見と同意の獲得では目的が異なり、そうである以上両者に必要とされる技法も異なることを明示的に説いた点においてアリストテレスが雄弁の文化の発展に果たした功績は大きい。さらに、彼が『弁論術』において行った「議会型弁論」、「法廷型弁論」、「集会型弁論」という分類は現代社会における説得の技法を考えるうえでも示唆に富むものである。詳しくは、拙著『説得の論理 3つの技法』日経ビジネス人文庫（二〇〇三）参照。

(9) キケロは紀元前一世紀の政治家・弁論家であり、彼の活躍した時代はローマ文化の「黄金時代」と呼ばれている。クインティリアヌスは一世紀の弁論家・教育者であり、彼の活躍した時代はローマ文化の「白銀時代」と呼ばれている。

(10) ルイス・ベグリイ著、東江一紀訳『五十年間の嘘』早川書房（一九九五）。

(11) 前掲注(10)『五十年間の嘘』二一〇頁。

(12) ニーチェが「能動的ニヒリズム」という概念を唱導していることを知ったのは留学後のことである。ニーチェの独善性にはついて行けないところも多いが、私の考えた「前向きなニヒリズム」とニーチェの能動的ニヒリズムには一脈通じるところがあるかもしれない。ちなみに、これも留学後のことであるが、一九九二年に出版されたフランシス・フクヤマ著、渡部昇一訳『歴史の終わり』(原題 The End of History and the Last Man)(三笠書房)はニヒリズムに対する私の関心を一層高めるものとなった。フクシマ氏は次のように主張している。

リベラル・デモクラシーを実現した米国社会はこれ以上合理的な政治体制をもはや観念することとすらできないという点において歴史の終焉を迎えている。しかしながら、それはあらゆる問題が解決された社会とは言い難い。最大の問題は、リベラル・デモクラシーの社会は気概に富んだ人々の心を満たすことが難しく、ニーチェが言うところの「末人」(これが原題の「Last Man」の意味である。ニーチェは「胸のない人間」とも呼んでいる)たちだけが自足する社会となってしまうことだ。

◉ ◉ ◉

前向きなニヒリズムにフクヤマ氏の懸念を打破する力があるといいのだが。

終章

その後の時代

アメリカから帰国後すでに四半世紀の歳月が経過した。私にとってはあっという間の二五年であったが、今振り返ってみるとその間いろいろな出来事があった。しかし、それらの事を語るには時期尚早の感が強い。そこで、ここでは、現在〔二〇一二年を意味している〕私が関心を抱いてることのいくつかを話すことをもって本書のエピローグとしたい。

＊＊＊

コーポレート・ロイヤーの来し方・行く末

本来であれば、日本のコーポレート・ロイヤー全般について語りたいところだが、私の所属する西村あさひ以外の法律事務所の事情に言及することは僭越の誹《そし》りを免れまい。よって、以下では西村あさひについて語ることをもって一般論に代える。

この二五年間に西村あさひは大幅に拡大・発展し、現在では、所属弁護士約四五〇名、スタッフ約五五〇名、併せて一、〇〇〇名を超える名実ともに日本で最大、世界でも有数の(1)大規模な法律事務所となった。この発展の背景には会社法や金融商品取引法など企業を規律する法令の内容が複雑化し、同時に、企業関係者の間にコンプライアンス（法令遵守）への意欲が高まったことが挙げられるだろう。この結果、我々コーポレート・ロイヤーは国際案件ばかりでなく（一一九頁参照）、純粋に国内的な案件も日常的に扱うようになり、結果として仕事量も爆発的に増加した。仕事の内容も伝統的なコーポレートやファイナンスの仕事（一四六頁参照）に加えて、事業再生や危機管理あるいは競争法等の分野の仕事が増加し、これらの分野を専門とする弁護士も多数となった。

では、今後の西村あさひはどのような方向に向かうべきであろうか。

さまざまな意見があると思うが、間違いなく進むべき道の一つは海外展開であろう。西村あさひの主たるクライアントである日本の企業はその拠点を急速に海外に移しつつある。社会の高齢化、法人税率の高さ、慢性的円高等の事情を考えるとこの流れは不可避的なものであり、その必然的結果として我々が提供すべきリーガル・サービスにも海外の法令に関係するものが増えてきている。しかしながら、海外の法律問題についても付加価値の高いアドバイスをするためには海外の法律事務所と提携するだけでは不十分であり、我々自身の中からパートナーを含む精鋭部隊を現地に送り込む必要があるだろう。西村あさひはすでに、北京、ハノイ、ホーチミンおよびシンガポールに事務所を開設したが(2)、今後は世界の他の地域へも進出し、世界的な規模でリーガル・サービスを提供する道を目指すべきだろう。

もう一つの目指すべき道は立法・行政への関与を高めることであろう。私がそう思う最大の理由は、最近の若手弁護士には社会全体の利益に奉仕する仕事への意欲を持った人が多いと感じるからである。おそらく、彼ら・彼女らは一昔前であれば官僚への道を進んでいたのであろう。ところが、諸般の事情により成績優秀な法学部生の中での公務員志望者が減少し、結果としてこのような意欲を持った若者の多くが司法試験に合格して（最近では法科大学院に進学して）大手法律事務所に入るようになったのではあるまいか。いずれにしても、このような流れが不可避なものである限り、彼ら・彼女らの意欲を満たす職域を作り出すことは社会全体にとっても有益なことであろう。

◉
◉
◉

問題は、いかなるビジネス・モデルの下でそのような職域の仕事をするかである。アメリカでは首都のワシントンD.C.に多数の大手法律事務所があり、確立されたプロフェッショナル・ビジネスとして立法や行政に関与する仕事を行っている。彼らの業務は民主的法治国家の立法・行政機能を活性化させる役割を果たしていると思うが、議員立法が少ない（そのこと自体問題であるが）我が国ではアメリカのビジネス・モデルをそのまま用いることは難しそうだ。

このような次第により、「立法・行政への関与」は現状ではまだ「掛け声」だけの段階にとどまっているが、官僚ＯＢの方々の提言なども積極的に取り入れながらできるだけ早い時期に業務の立ち上げを果たしたいと願っている。

法と経済学への思い

アメリカで習い憶えた法と経済学やファイナンス理論は法律家として問題を発見・分析する際の技法として大いに役立った。

「実務に役立つものは理論にも役立つはずだ。」そう考えた私はこのような技法を会社法や租税法の研究にも応用し、それを基にした法学教育も実施してきた。

しかしながら、日本の法学界全体を見渡すと法と経済学の普及はアメリカに比べて著しく遅れていると言わざるをえない。

その原因は複雑であるが、冗談めかして言わせてもらうならば、我が国の伝統的知識人は金銭を蔑視する朱子学の呪縛から未だ解き放たれていないのではあるまいか。「正義を金で語るとは何事か」、そんな感情が多くの法学者の心情を支配しているように思えてならないのである。

もっとも、法と経済学が発展しない責任の一端は経済学の側にもあるかもしれない。再び、冗談めかして言わせてもらうならば、経済学者は総じて「市場原理」が好きである。たしかに一般均衡理論は人類の叡知が打ち立てた不滅の金字搭の一つであり、これによって証明された市場原理の価値＝効率性が今後の人類の歴史の中で蔑《ないがし》ろにされることがあってはならないだろう。

しかしながら、効率性は社会の優劣を決める有力な指標ではあっても唯一の指標ではない。したがって、効率性を補完する他の評価基準も経済学のフレーム・ワークの中に用意されていればまことに有り難いのだが、このような評価基準を作ることに対してこれまでの経済学者はあまり熱心ではなかったように思える(3)。法と経済学がさらなる発展を遂げるためにはこのような評価基準の研究が法実務の細部への配慮（二一四頁参照）を伴いながらなされていくことが重要であろう。微力ながら私自身もこの分野の研究を今後の人生の

◉
◉
◉

目標の一つにしたいと考えている。

終わりなき夢の続き

時折似た夢を見る。

夢の中の私は法廷の如き場所の中央に立ち、正面からこちらを見ている何者かに向かって必死で陳述を行っている。どうやら私は自分のこれまでの人生の成果を正面にいる何者かに語っているようだ。父や母、それに定塚先生や西村先生など、今は亡き人々の視線も感じる。正面の何者かの雰囲気は決して怖いものではないが、かといってそれほど和やかなものでもない。その者がいかなる存在であるのか、漠然とながら私は理解していた。

やがてその者は静かに口を開いた。

うん。たしかにまずまずの成果ではあるね。しかし、君には人一倍多くの才能と強運を与えたことを考えると、いささか物足りない気もする。もしかして、法律家という職業を選んだことが間違えだったのかな。

◉◉◉

以下、私と「何者か」の問答が続く。

私　そう言われても困ります。私は少なくとも高校生になって以降は常に強い向上心を抱いて生きてきましたし、人生の節目節目《ふしめ》においてはそのつど最善と思う道を選択してきました。コーポレート・ロイヤーとなったのもその結果であって、それが間違っていたというのであればその責任は私ではなくあなたが負うべきものではないでしょうか。

何者か　（苦笑しながら）君もなかなか言うね。じゃあ聞くけど、今度生まれ変わるとしたら君はどんな人生を歩んでみたいと思っているの。

私　私はもう生まれかわりたくありません。

何者か　どういうことかな。

私　先ほどあなたが仰ったように私の人生はとても恵まれたものでした。ですから、この人生で十分であって、これ以上新しい人生を行きたいとは思いません。それに私には自分が年を取ったという自覚がありません。気力も体力も若い時より今の方が充実しています。ですから、あなたが私の人生を評価するのももう少し待ってからにしてもらえませんか。

何者か　しょうがない。じゃあ、もう少し夢を見続けさせてあげようか。

私　私は夢を見ているのですか。

何者か　（笑いながら）我々が君に与えた最大の贈り物が何であったのか、君はまだわかっていないようだね。

私　どういうことでしょうか。

何者か　……。

「ごはんですよ。」そう呼ぶ妻の声で目が覚めた。同時に愛犬のジュリアンがベッドに飛び乗ってきた。

（終）

◉ ◉ ◉

(1) 弁護士数・スタッフ数は二〇一二年一〇月現在のものである。なお、所属弁護士数だけでいえば、西村あさひを上回る事務所は欧米にはかなりあるが、その多くは世界各地のオフィスの人数を合算した数字である。西村あさひの場合には所属弁護士の大半が東京オフィスに勤務しているので、オフィス単位で見れば世界屈指の大規模な組織に成長したと言えるであろう。〔二〇二二年七月現在の西村あさひには七〇〇名以上の弁護士（外国法弁護士を含む）が在籍している。〕

(2) 〔現在（二〇二二年七月）の西村あさひは、下記の各所に拠点を有している。東京、大阪、名古屋、福岡、ニューヨーク、フランクフルト／デュッセルドルフ、ドバイ、シンガポール、北京、上海、香港、台北、ハノイ、ホーチンミン、バンコク、ヤンゴン、ジャカルタ。〕

(3) 一九八八年に出版された奥野正寛＝鈴村興太郎『ミクロ経済学Ⅱ』（岩波書店）は全体の約三分の一を効率性と公平性（同書では「衡平」の文字を用いている）あるいは社会厚生関数等の所謂「厚生経済学」のテーマに割いた画期的な教科書であった。しかしながら、それ以降この分野の著作は、アマルティア・センの著書の訳本を除いては、あまり出版されていないように見える（私が知らないだけかもしれないが）。

二〇二二年のプロフィール

略歴

一九五五年　千葉市生まれ。千葉大付属小・付属中、県立千葉高を経て、
一九七八年　東京大学法学部卒業。司法修習生
一九八〇年　弁護士登録（第一東京弁護士会）。西村眞田法律事務所（現在の西村あさひ法律事務所。以下、つねに「西村あさひ法律事務所」という）アソシエイト
一九八五年　西村あさひ法律事務所パートナー
一九八六年　ハーバード大学修士（LL．M）
一九八六年　米国ニューヨーク州弁護士資格取得
一九九四年　株式会社小糸製作所監査役

◉ ◉ ◉

一九九六年　株式会社ディレクＴＶ取締役
一九九九年　楽天株式会社取締役
二〇〇四年　西村あさひ法律事務所代表パートナー
二〇〇七年　株式会社クリムゾンフットボールクラブ取締役
二〇一三年　東京大学大学院法学政治学研究科客員教授
二〇一四年　慶應義塾大学大学院法務研究科教授
二〇一七年　ハーバード大学法科大学院客員教授
二〇〇九年からこの年まで九年間・五回にわたり連続して（International Financial Law Review の系列機関が隔年で発表している）「日本Ｍ＆Ａ部門」の「BEST OF THE BEST」に選出された
二〇一八年　二〇〇〇年からこの年まで一九年間連続して（CHABERS & PARTNERS が発表している）「CHANBER'S GLOBAL コーポレート／Ｍ＆Ａ部門個人ランキング」の「Leading Individual」に選出された
二〇一八年　東京大学博士（法学）
二〇一九年　最高裁判所判事

司法の働きについて思うこと

法令の解釈が変われば人々の行動が変わり、人々の行動が変われば社会のありようが変わります。この点を踏まえて言えば、司法には、豊かで公正で寛容な社会の形成を促す働きがあり、司法のこの働きを活かして真に国際競争力のある国家を築いていく営み（ないしは、そのようにして築かれる国家）のことを「司法立国」と呼びたいと思います。そのうえで、司法立国の建設に微力ながらも貢献していくことが　今後の人生において私に与えられたミッションではないかと考えている次第です。

読書歴

これまでに読んだ文芸作品の中で特に印象に残っているものは次のとおりです（作品の成立時順）。

『平家物語』、『アンナ・カレーニナ』（トルストイ）、『暗夜行路』（志賀直哉）、『墨東綺譚』（永井荷風）、『砂の上の植物群』（吉行淳之介）、『されどわれらが日々』（柴田翔）、『羊の歌』（加藤周一）、『坂の上の雲』（司馬遼太郎）、『背教者ユリアヌス』（辻邦夫）、『さよなら怪傑黒頭

巾』（庄司薫）、『ノルウェイの森』（村上春樹）、『国境の南、太陽の西』（村上春樹）

なお、よき法律家であることとよき文学愛好家であることは、いかにすれば両立し（望むらくは）互いの可能性を高め合う関係に立てるのかは詳細な分析に値する問題だと思います。今後この問題についても思索を深めていきたいと考えています。

◉ ◉ ◉

趣味

最大の趣味は「勉強」です。若いときはそうでもありませんでしたが、年を取るにつれて勉強が好きになってきました。五十代の時には、数学や経済学の勉強に励み、還暦を過ぎてからは、法の数理分析の研究を進めるかたわら、フランス語と十九世紀フランス文学の勉強を続けています。歴史の勉強も好きで、最近は、英仏の近世史と日本の中世史の本をよく読んでいます。

勉強以外の趣味は、ゴルフとJ-POPを歌うことです。ゴルフの方はハンディ・キャップ三六の「低空飛行」を続けていますが、J-POP歌唱の方はいささか玄人っぽく、弁護士時代はロックバンドでドラムとヴォーカルを担当していました。最近は、ギターの弾き語りであいみょんさんの曲などをたまに歌っています。

主著

『ゲームとしての交渉』（丸善ライブラリ）

『説得の論理　三つの技法』（日本経済新聞社）

『会社法の正義』（商事法務）

『数理法務のすすめ』（有斐閣）

『株主の利益に反する経営の適法性と持続可能性――会社が築く豊かで住みよい社会』（有斐閣・本書は東京大学に提出した博士論文を書籍化したものです）

著者紹介

草野耕一（くさの・こういち）

最高裁判所判事、東京大学博士（法学）。

東京大学法学部卒業。ハーバード大学法科大学院卒業（LL.M.）。

主著として、『株主の利益に反する経営の適法性と持続可能性——会社が築く豊かで住みよい社会』（有斐閣）、『数理法務のすすめ』（有斐閣）、『会社法の正義』（商事法務）。

未央の夢
——ある国際弁護士の青春

2012年11月20日　初版第1刷発行
2022年9月12日　初版第2刷発行

著　者　草　野　耕　一

発行者　石　川　雅　規

発行所　株式会社　商　事　法　務

〒103-0025 東京都中央区日本橋茅場町 3-9-10
TEL 03-5614-5643・FAX 03-3664-8844〔営業〕
TEL 03-5614-5649〔編集〕
https://www.shojihomu.co.jp/

落丁・乱丁本はお取り替えいたします。　印刷／(有)シンカイシャ

Shojihomu Co., Ltd.
ISBN978-4-7857-2026-1
＊定価はカバーに表示してあります。